危機の時代 伝説の投資家が語る経済とマネーの未来

Jim Rogers

The Age of Crisis

危機時代

傳奇投資家

吉姆·羅傑斯談未來經濟與理財

吉姆·羅傑斯 著
鄭曉蘭、張嘉芬 譯

目錄 CONTENTS

前言 015

第1章 必然出現超越雷曼的危機 023

・全球一片樂觀論
・泡沫總會破滅
・危機的預言者
・嚴峻的印度經濟危機
・曾拯救世界的中國同樣一屁股債
・美國背負的鉅額借款
・在身邊出現的危機預兆

・加速且無限制的金融寬鬆
・狂買債券或ＥＴＦ的中央銀行
・越滾越大的借款雪球
・貿易戰中沒有國家是贏家
・經濟對立演變成戰爭的可能性
・戰爭的頭號犧牲者是「真相」
・全世界所有人都應該造訪廣島
・很多人偏好戰爭
・沒有任何時代不存在經濟問題

第2章 過去的危機中發生什麼事

・不論任何聰明人都無法阻止危機
・一九二九年經濟大蕭條的教訓

第3章 危機之際應該如何行動

・轉瞬蔓延全球的危機
・在經濟危機中大賺一筆的人
・危機中最大的犧牲者是中產階級
・苦於生計的人尋求憤怒出口
・森林大火是為了世界，讓森林重生
・從失去所有的經驗中得到啟示
・被尼克森衝擊而改變的世界
・可以預測到黑色星期一的原因
・本次危機的衝擊更勝以往
・一度成功的日本又跌落神壇的原因
・十五年內所有常識都會產生戲劇性變化

・即便發生危機，也沒必要絕望
・首要之務
・所有人都失敗時，正是機會
・危機之際應該持有的資產
・企業該做什麼呢
・事先做好因應危機的準備吧
・人們往往不相信違反常識的點子
・危機時代，人們的行動存在很多共通點
・萌生於逆境的投資機會
・從中東戰爭獲得的啟示
・何謂「危機時代的成功投資」
・不該將錯就錯

第4章

成為有錢人的關鍵

・不可以想要一夜致富
・讓生活富裕的必須金額
・想成為優良投資者，請詳閱資產負債表
・投資股票指數是有效手段
・很多人都不清楚自己在做什麼
・傾聽孔子的格言吧
・從柏拉圖身上學到的東西
・失敗四十次也無妨，只要有三次成功就好
・發掘投資機會的方法
・培養出自己的投資風格
・我會找出一條路，否則就另闢新徑
・別借錢，向別人借或借別人都一樣

・不正確理財，人生會毀滅
・富人變得不幸的理由
・別貪圖超乎自己財力的東西
・即將出現經濟、政治、社會的複合性危機
・多面向的解讀世界比較好
・不應該只依賴單一資訊來源
・讓孩子學習如何運用金錢
・在一生中，失敗是很重要的事
・幸運是留給做好準備的人
・維持長期成功最重要的事

第5章 我的生存之道 141

・在美國鄉下長大學到的事

・競爭越少，成功機率越高
・「想看看世界」的強烈渴望
・堅忍不拔的苦讀很重要
・去越遠的地方，學到的越多
・我在牛津學到的事
・到華爾街上班的理由
・創立量子基金
・比起經營學，歷史或哲學對人生更有用
・人生中最大的危機

第6章 世界將何去何從 161

・全球局勢渾沌不明
・脫歐讓英國吃盡苦頭

・國家瓦解的可能性
・會有更多國家選擇脫歐
・金融中心的地位搖搖欲墜
・Google 與亞馬遜撐起的瑞士法郎
・全球經濟重心東移
・很多國家即便一黨獨大也能繁榮發展
・俄羅斯農民為什麼感謝川普
・中國在非洲影響力漸增的必然性
・外國人擅自訂定的國界
・與歐洲的連結漸趨薄弱
・一度沒落，卻能重新崛起的非典型大國
・激烈抗爭將導致香港自毀前程
・印度為何前景堪憂
・朝鮮半島有什麼商機

・日本該如何自處
・農業的商機可期
・不肯打開門戶迎接外國人，國家就會沒落
・憑移民之力興起的美國，已出現變化
・從歷史記取教訓
・下一個開戰的地區
・二十一世紀的塞拉耶佛在哪裡

第7章 對於未來的正確看法——要懂得懷疑社會一般常識 207

・奧運不可能救國
・獨角獸熱潮只是泡沫
・投資阿里巴巴不是個好主意

- 不需高度肯定美國教育
- 瀕臨危機的美國大學
- 教育將逐步線上化
- 變動的時代裡，人們需要這樣的教育
- ＭＢＡ派不上用場
- 除了管理之外更該學習的事
- 諾貝爾經濟學獎一文不值
- 鄧小平無法得獎的原因
- 現代貨幣理論是一種「免費午餐」的概念
- 全民基本收入是個愚蠢的討論
- 矽谷將不再是創新聖地
- 深圳——軟硬體兼備的地方
- 歐美媒體的觀點不見得正確
- 從「邪惡國家」宣傳手法中學到的事

・不看ＣＮＮ比較好
・從中國獲得的啟示
・民主主義與經濟發展的成功幾乎沒有關係
・會抓老鼠的貓就是好貓
・亞洲女性人口數過低，將引發什麼問題
・大麻也有投資商機
・造訪哥倫比亞的發現
・龐大商機應運而生
・區塊鍊帶來的破壞
・商品市場將發生嚴重問題
・別相信所謂的常識

結語　日文版譯者後記　262

前言

隨著新冠病毒疫情不斷擴大，全球經濟陷入一片混亂，各國主要市場的股價暴跌，企業倒閉或失業人數增加的疑慮也急速升高。

從二〇一九年起，我就不斷警告投資人「有個超越二〇〇八年雷曼兄弟金融風暴的危機正在步步逼近」，現在這個危機才正要開始。我也要先強調，疫情大流行終究只是一個引爆點，經濟危機來臨這件事從很早以前就可以看出端倪。尤其是對那些每天鉅細靡遺閱讀相關消息或經濟類報紙的人來說，應該很多人早已察覺到這個徵兆。

讓我們看看世界各國的財政狀況。舉凡印度、土耳其、印尼等國的經濟困境，已經逐漸占據海外報紙整個版面。即便是美國或歐洲的經濟，很早之前也開始出現問題。

美國長年以來都還維持經濟榮景，的確也有很多人覺得，美國榮景就這麼一直維持下去也好。很遺憾的是，榮景終究有結束的一天。當然，日本經濟也面臨相同的終點。即便如此，國家仍會持續存在，不可能覆亡。只不過，實際狀況已經變得跟以前大不相同了。

二〇〇八年發生雷曼風暴時，中國的銀彈充足，外匯存底也很足夠。就某種意義而言，當時中國是運用事先儲存的準備金，協助拯救了全球經濟。但是，如今連中國自己都是一屁股債。

「末日的開端」已經拉開了序幕。據說，中國當地企業接連倒閉；印度自數年前開始，發生多起債務違約（壞帳）。雖然沒有被大幅報導，不過印度最近也有一些大型銀行破產。

經濟政策走進死胡同的徵兆逐漸在各方面浮上檯面，這些徵兆今後都將加速惡化。日本與二〇〇八年相比，其負債總額也很明顯的逐漸膨脹，日本政府對此絕對無法作壁上觀，好像事不關己一樣。

就這次各國對疫情大流行的對策中，當屬美國總統川普限制美國與歐洲人員移動是對經濟最糟糕的策略之一。人們無法移動、無法會面，就等於沒辦法工作。或許大家也沒有其他方法，但這就是所謂的景氣冷卻。這對世界經濟而言是最糟糕的，同時也催化景氣下滑。企業的經營問題將在全球漸漸蔓延開來。

人生最糟糕的危機降臨

這次的疫情大流行危機絕對沒有跟以往截然不同。因為，歷史就是會一再重演。

雷曼兄弟金融風暴發生後的十二年間，全球股價持續上漲。股價能夠持續上漲十年到十二年，這在歷史上可以說是極度罕見的特殊情況。當股價過度長期持續上漲，最終下滑也是必然的。

在長期股價過高的同一時間，全球負債也隨之增加。當債務過於龐大時，社會就潛藏嚴峻的問題。當危機一發生，市場變得疲弱是理所當然的趨勢，這次也一樣。

如今，全球因債務過多而面對嚴峻財務問題的國家格外引人側目。黎巴嫩已經出現該國歷史上首次的債務違約，其他還有很多危險的國家：巴西、土耳其、南美……同樣正面臨危機。

真正的危機正逐步逼近。雖然下一個是誰還不知道，但是再這樣下去，許多國家都可能出現壞帳。全球多數企業、多數國家、多數地方政府，都會開始背負過多債務。大家小心，很可能今後必須賒帳度日了。

過去，每當出現危機，都會發生同樣的事情。如果有人說「這次不一樣」，他只是什麼都不懂罷了。

我之前就在想，川普會在二〇二〇年秋季的美國總統大選中勝出連任，甚至考慮過發生疫情大流行之類的問題。但現在，老實說我已經有些沒自信了。因為，川普已持續讓事態惡化下去。

全世界不管哪一個國家，執政黨敗選的原因大都是經濟政策失敗。如今，川普正在讓經濟變差。若真的讓美國經濟變差，川普就會敗選吧。

話雖如此，我莫名其妙的還是覺得川普大概會贏。不過，川普總統要是（在選舉前）還讓經濟持續惡化下去，就會輸。

若能從歷史中得到教訓，我們會發現，只要景氣不好，往往會引發戰爭。它有可能演變成貿易戰爭，也可能演變成軍事戰爭。我每天都在關注全球局勢，戰爭其實已經開打。美國與阿富汗長年持續征戰，與伊朗也已經邁入事實上的戰爭狀態。

雖然只有上帝才知道，川普也可能再度開啟新的戰爭。從歷史來看，經濟惡化很多時候都與戰爭相互連結。

也有人指出，現在的狀況很類似一九三九年的第二次世界大戰爆發前夕。我也有相同看法。一九三〇年代，全球各國的借款持續累積，突然爆發了貿易戰爭，景氣也持續惡化。在這些因素加乘之下，逐漸演變成軍事上的對立。

疫情大流行之後會怎麼樣還不知道，但是無法否定發生戰爭的可能性。可以確定的是，一九三九年與現在的經濟環境有很多的類似點。

但是，只會絕望也於事無補。「危機」這兩個字，同時意味著「危險」與「機會」。換言之，這個危機也是轉機。我們應該關注的是，誰會從中蒙受其利。

各種變化相繼展開，醫療、電腦、健康照護等廣受各界注目。之後會有更多病患，為了接受醫師的診療，開始對著自家電腦傾訴；餐點宅配服務，應該也會以突破以往的速度急遽擴展。

一些早已開始的變化也會一口氣加速。線上教育或居家工作將越來越普及。這些領域會立即更加速的成長，所以其中蘊含著龐大商機。

另一方面，也會有許多企業面臨經營失敗。不過，這對競爭對手而言反倒是個福音。換言之，優勝劣敗會持續進展。我們必須仔細思考，在此局面之下誰會得利。如果考慮投資，就應該投資自己本身熟知的領域。

我目前持有黃金、白銀與美金等。另外，也投資農業相關產業。之後根據不同狀況，我也想要買進中國股票。或許，也可能買進日本股票。當然，現在的世界經濟實在太過混亂，必須徹底洞悉下手的時機。儘管如此，只要發現機會，我還是會繼續投資。

本書旨在闡述：如何從過去看出今天出現的危機及徵兆；當我們回顧歷史，過去經濟危機之際究竟發生什麼事，又對人們生活造成什麼樣的影響；每當危機出現之時，個人或企業應該採取什麼行動；還有世界今後該何去何從等相關思考。

吉姆·羅傑斯
二〇二〇年四月

第1章

必然出現超越雷曼的危機

Jim Rogers

The Age of Crisis

全球一片樂觀論

「超越二〇〇八年雷曼金融風暴的危機正迫在眉睫。」我在二〇一九年時這麼說，不相信的人很多。因為當時美國紐約證券交易所或那斯達克的股票指數創下有史以來最高點，樂觀的看法在全球持續蔓延。

不論是二〇一八至二〇一九檯面化的美中貿易戰爭，還是以伊朗為代表的中東危機，有很多人認為藉由溝通對話，就不會演變成嚴重問題。

只是，希望各位回顧一下歷史。

二〇〇八年秋天發生雷曼金融風暴之前，世界同樣瀰漫一股樂觀氛圍。主要股市的平均股價都以超越各國經濟成長的步調持續上漲。

當時，問題在於全球各國持續累積鉅額負債。包含政府、金融機構、一般企業或個人等各層面，負債都在持續膨脹。

次級房貸只是其中的象徵性問題。當時，在住宅價格持續上漲的前提之下，美國金融機構持續積極的貸款給所謂「次級階層」等信用評等較差的人。俗稱

「房利美」（Fannie Mae）的聯邦國家房貸協會（FNMA）或俗稱「房地美」（Freddie Mac）的聯邦住宅貸款抵押公司（FHLM）正是其中代表。他們買下次級房貸的債權後證券化，接二連三賣給金融機構。我與政府相關人士談話時，數度警告「這麼奇怪的狀況不能持續下去」，卻沒有人願意聽進去。

泡沫總會破滅

泡沫不可能永遠持續，總是會破滅的。二〇〇五至二〇〇六年這段期間，美國的房市泡沫化，房價暴跌。擔保價值降低，無法償還貸款的人層出不窮。結果，「房利美」與「房地美」就此陷入窘境。

當然，問題是連鎖性的。大量購買兩家公司債券的其他金融機構，損失如同滾雪球一般越滾越大。金融機構當初是借款去購買「房利美」或「房地美」債券的。在這樣的過程中，我們不能忘記雷曼風暴的發生。

在雷曼風暴發生前，出現相同問題的當然不是只有美國，歐洲或拉丁美洲等，全球各地也都出現同樣的泡沫現象，企業或金融機構的借款持續膨脹了一段時間。

換言之，像雷曼風暴這種嚴重的金融危機發生之前，其實都能看到明顯的徵兆。

具體而言，當時能稱為「徵兆」的事件有哪些呢？

例如：冰島。這是很多人連它在哪裡都不知道的國家。它在二〇〇七至二〇〇八年這段時間面臨嚴重的經濟危機，占GDP（國內生產毛額）四分之一的金融、不動產泡沫崩解。自二〇〇七年秋季開始，股價以深不見底的趨勢下跌，貨幣價值也從二〇〇八年一月至八月，對歐元實際下跌35％。

幾乎在同一時間陷入金融危機的是愛爾蘭。愛爾蘭經濟被稱為「凱爾特之虎」，從一九九〇年代中期開始一路持續成長，導火線同樣是不動產泡沫破滅，造成經濟急速降溫。二〇〇七年四月創下高峰的愛爾蘭證券交易所（現都柏林泛歐交易所）平均股價轉為大幅下跌。結果，多數金融機構後來都面臨危機。

這些國家即便在歐洲都是位處邊境的小國，當然從美國或日本看來都是在遙遠國度所發生的事情，感覺上或許事不關己。這些鮮為人知的國家所發生的事情，會影響到自己本身的經濟……要這麼想像甚至都很困難。

我們將目光轉移至企業。位居英國中堅地位的銀行「北岩銀行」（Northern Rock）二〇〇七年已經瀕臨經營危機，該行擅長的是住宅金融，二〇〇六年甫與美國「雷曼兄弟」（Lehman Brothers）合作，進軍次級房貸市場。

但是在次級房貸問題等影響下，資金周轉惡化。該行因此向英國央行「英格蘭銀行」請求經營援助。對於銀行信用的不安因此蔓延，顧客趕著提領存款，於是發生擠兌風波。情況演變到最後，是由英國政府決定於二〇〇八年二月暫時將「北岩銀行」國有化。

危機的預言者

同一時期，美國的金融危機同樣持續檯面化。創業於一九二三年的「貝爾斯登」（Bear Stearns）曾為美國大型投資銀行，過去是美國第五大投資銀行，當時卻遭受次級房貸的正面衝擊。

二〇〇七年六月，貝爾斯登旗下專門鎖定次級房貸買賣的兩家避險基金證實蒙受鉅額損失。貝爾斯登後來宣布，投入總計四十七億美元（約台幣一三八七億）的資本來挽救。

或許有人會覺得，雷曼風暴是突然發生的。但是有許多人們沒有留意的微小跡象，都與之後嚴重的金融危機相互連結。那些跡象，就像是危機的預言者。與雷曼金融風暴發生當時相比，最近的世界經濟又處於什麼狀態呢？——隨處可見相同的危機預兆。

拉脫維亞的銀行接連破產。繼該國排行第三大的「ABLV銀行」於二〇一八年破產，「PNV銀行」也緊接著在二〇一九年八月破產。

德國同樣面臨危機。該國最大的民營銀行「德意志銀行」面臨經營危機。該銀行的擴大戰略失敗，持續虧損，二〇一七年雖然接受中國海航集團資助仍持續虧損，「德意志銀行」的重建陷入迷航。也有人指出，「德意志銀行」的衍生性金融商品資產高達七千五百兆圓（約台幣二一一一兆），經營破產的衝擊實在過於巨大。

阿根廷的經濟同樣是風雨飄搖。阿根廷於二〇一九年八月被判定暫時性債務違約，造成貨幣披索、國債價值暴跌，問題根源還是在於日益膨脹的過多債務。不僅國家，阿根廷鄰接首都的最大州——布宜諾斯艾利斯州也瀕臨債務違約危機。

甚至有報導指出，在此經濟混亂的背景下，美國運動用品大廠NIKE（耐吉）正考慮退出阿根廷市場。阿根廷的高通貨膨脹率讓在當地做生意的國際企業吃盡了苦頭。

嚴峻的印度經濟危機

印度經濟的危機更為嚴峻。二〇一九年十一月，該國中央銀行針對發生債務違約的住宅金融公司啟動破產處理程序。由於印度銀行的不良債權比率持續上升，央行早就開始更嚴格的執行相關檢查，並指示銀行確保足夠準備金。越來越顯而易見的是，該國不良債權的增加已經陷入棘手狀況。

長期下來，超過二十家國營銀行以基礎建設相關產業為主的過度貸款，讓問題更為嚴重。所以，才需要即時滅火。央行全力投入金融系統的健全化，不過在銀行貸款趨於謹慎的背景下，經濟成長也明顯踩下了煞車。

此前持續急速成長的印度汽車銷售狀況，如今同樣呈現低迷。全國眾多經銷商被迫關門大吉，個人消費的衰退相當明顯。提供消費者貸款的非銀行金融機構（NBFC）的破產也很引人注目。僅次於中國、日本的亞洲第三經濟大國的異常變化，將成為引爆危機的導火線。

美國以往總給人「經濟良好」的強烈印象。自二〇〇八年秋季爆發雷曼風暴以來，直到二〇二〇年二月為止，已經有十年以上持續呈現史上最長的景氣榮景。過去牛市從未能持續這麼長的一段時間。

但是，好景氣總會到達盡頭。全球各國長期持續的牛市，也絕對會走到盡頭。就算是美國，借款也已經再次膨脹，出現危險的徵兆。

特別是問題在於低利率。在川普總統對美國央行施壓的背景之下，低利率已經持續了一段時間。結果，資金開始轉向利率相對較高的債券，出現可說是「債券泡沫」的狀況。

錢就算存在銀行也很難有利息，這樣的情況讓投資者加速轉為投資債券還有股票。低利率造成股票與債券價格持續上升，這並不是一件好事。美國金融市場對於世界經濟而言扮演重大角色，只要出現一次危機，衝擊就會擴及全球。

曾拯救世界的中國同樣一屁股債

在亞洲特別值得關注的是中國。在二〇〇八年雷曼金融風暴發生時，中國幾乎沒有負債。當時中國的狀況是，對暴風雨來襲做足準備，儲備足夠資金。（所謂「不景氣」的）「雨」實際落下時，中國使用早先儲備的資金援助了世界經濟。

但是，那樣的中國如今同樣背負大筆債務。這次與雷曼金融風暴當時不同，中國經濟陷入危機的劇本是有可能發生的。如果此事成真，將對許多人造成嚴重衝擊吧。一旦中國的大企業出現破產，無疑將會躍上報紙頭條。

很多居住在歐美或日本的人對於中國或印度的企業並不是那麼熟悉。但是，從一些可謂「冰山一角」的狀況可以逐漸看見整體樣貌，最終也可能導致重大問題。

印度金融系統存在很多狀況，但是世界上很多人並不注意這些。印度國內大多數人都知道本國金融系統有問題，但是倫敦、紐約或東京幾乎無人聞問。已經有明顯徵兆顯示印度經濟存在眾多問題，一旦爆發，將難以收拾。

印度存在為數眾多已經持續虧損、該倒閉卻還存活下來的「殭屍企業」，一般預估這樣的企業高達印度整體企業的三成。沒錯，印度政府已經在加速處理銀行的不良債權，然而不得不說印度就像過去的日本一樣，為了保護殭屍企業，相關因應姑息縱容。日本也發生過同樣的事，這是很瘋狂的。應該倒閉的企業卻存活下來，就會對經濟造成不良影響。

中國也存在相同的問題，不過，不該救的企業，就會說是正在進行破產處理程序。中國雖然是共產主義，但可以說是猶如良好資本家的國家。當然，他們處理大規模不良債權的經驗並不能說夠豐富。

「政府必須出手救我們。我們要是無法得救，就無法拯救中國經濟。」殭屍企業的經營者大概會這麼說吧。即便如此，政府還是必須採取嚴正態度。「我們不會資助殭屍企業，將啟動破產處理程序」，像這樣嘴巴說說很容易，然而在此同時，也必須採取實際行動。

一九九〇年代前半日本的經濟泡沫破滅後，在處理不良債權這方面也有相同經驗。美國則是常有相同問題，一直以來致力於相關因應。中國雖然嘴巴說「殭屍企業陷入絕境，我們也不會出手去救」，實際上如何當然不得而知。因為共產主義的中國並沒有長年持續經營資本主義系統的經驗，我對於他們是否真的了解該做些什麼，會打上一個大問號。

美國背負的鉅額借款

財政破產或即將破產的美國地方政府格外引人側目。美國汽車大廠「通用汽車」或「福特汽車」的重要根據地底特律於二〇一三年宣布破產。最近，被稱為「美國的委內瑞拉」的伊利諾州，同樣財政陷入即將破產的窘境。大城市則例如芝加哥，雖然是個擁有約一千三百萬人口的大州，地方債餘額仍持續膨脹。退休基金不足的問題相當嚴重，面對相同問題的美國地方政府並不在少數。

伊利諾州已經用盡各種手段，如大麻或運動賭博合法化、出售名畫等，投入財務重整，不過這些都只是杯水車薪。如果某大州破產，就可能發生像是州內地方政府隨之破產的骨牌效應。

美國是世界史上最大的債務國，借款水準還在持續升高。川普總統雖然說會解決問題，實際上卻只是讓問題持續惡化。川普任內的借款也比史上任何一位總統都還要多。

但是，他每天掛在嘴上的還是那句「我是歷任總統中最聰明、最有企圖心解決問題的總統」。但是這位最聰明的人所造成的債務卻越來越多，甚至可以說是陷入混亂。幾乎沒有任何國家、州、城市或企業，有能力在危機中償還自身直線升高的鉅額債務。

「財政重整」常成為討論話題，但是緊縮財政說歸說，實際邁入執行階段的案例卻少之又少。不論任何人都想借更多的錢，花更多的錢，所以情況會越來越惡化吧。在我有生之年，應該會演變成最糟糕的狀況。

在身邊出現的危機預兆

在危機發生前，我們身邊會出現什麼樣的變化呢？例如一直排不到的高級餐廳突然之間預約得到位子；例如想去東京最棒的餐廳，一打電話，對方竟然說：「請務必大駕光臨。請問您幾點會到呢？」

換做以前，總聽到：「兩個月之後的話，還能預約。」結果居然聽到「現在立刻就有位子」，自然而然會覺得是不是發生什麼怪事了。

飯店也一樣。想預約之前常客滿的時髦人氣飯店，結果對方說：「可以為您準備您喜愛的房型。」與計程車司機對話，發現抱怨景氣變差的人增加了，那也是危機的徵兆。

女性的話，去髮廊消費發現髮型師開始發牢騷，也能推測她的顧客可能沒有以前多了。只要和那些能洞悉社會氛圍的人交談，應該就能逐漸看清自己沒有看到的現實。

雷曼風暴之前的次級房貸問題也很耐人尋味。二〇〇六年到二〇〇七年這段時間，曾有警告指出次級房貸問題可能在短時間內發展成重大危機。但許多人並未認真採納這樣的忠告，沒過多久，危機果然成真。

古代希臘神話的特洛伊公主，也就是為人熟知的「悲劇性的預言者」卡珊德拉，據傳早已預見特洛伊即將面臨悲慘的命運。

然而，即使她說：「我的預言一定會成真。這是真的，請相信我。」卻沒有人當一回事。她主張：「木馬是敵方的策略。絕對不應該把木馬拖進特洛伊城裡。」卻沒有人願意聽她說話。

所有人都在嘲笑卡珊德拉。越多人嘲笑的事情，實際上往往是正確的。大家都笑說：「這個人好奇怪。」這在歷史上是持續發生、屢見不鮮的。所有國家都存在一再重複的經濟問題。從歷史上看來，沒有任何城市、國家、社會是不曾存在經濟問題的。

加速且無限制的金融寬鬆

「不用擔心。我們正在解決問題。」美國央行，也就是FRB（美國聯邦準備理事會）長期以來始終這麼主張。ＦＲＢ的前主席珍妮特・葉倫（Janet Louise Yellen）之前也說：「問題解決了。」還說：「沒必要擔心像雷曼風暴那樣的經濟危機再起。」葉倫是耶魯大學的博士。

如果相信擁有長春藤盟校博士學位的人，經濟危機應該是不會發生的，然而，真的如此嗎？之前ＦＲＢ主席本・柏南克（Ben Shalom Bernanke）在哈佛大學學的是經濟學，但是二〇〇八年在他任內卻發生了雷曼風暴。柏南克被批評對於不動產等泡沫坐視不管，才會引發金融海嘯。

面對金融海嘯，柏南克轉而實施零利率等寬鬆政策。企圖藉由實施無限制的量化寬鬆政策，撐過危機。

打從十多年前，ＦＲＢ就開始一味的印鈔票，這樣的政策創造出什麼？他們其實不知道，除此之外該做些什麼。「這是實驗。我們也不知道會不會成功。」他們自己甚至都這麼說了。他們應該早已徹底了解，這政策是不會成功的。無限制的金融寬鬆政策只能在短期內發揮作用。長期下來，總有一天會給我們帶來大問題。

世界上許多國家的利率都已經趨近於零，日本甚至都已經是負利率。美國的利率同樣維持在非常低的水準。要是利率調回一般水準，對許多人而言應該會很受不了。即便如此，FRB依然持續主張說：「低利率沒有問題。這是新常態。不用擔心。不要緊的。」

只是，歷史已經證明這種狀態並不尋常。現在這樣已經是史無前例。

歷史上從沒發生過負利率的情況。美國也是，不論任何地方都沒有一個時代的利率這麼低。只是就像數千年後的世界會改變，要是在這段期間出現什麼新變化，也可能會變成我完全錯誤，而FRB是正確的。

但是，我確信利率終將恢復到一般水準。全球目前已經存在鉅額負債。只要借款越借越多，對於利率的壓力就會越大。如今，各國中央銀行正在大量印製鈔票，像日本銀行也每天都不休息的趕工印鈔票。

狂買債券或ETF的中央銀行

日本正積極購買債券或指數股票型基金（ETF）。這對證券公司而言，是

●全世界的負債額

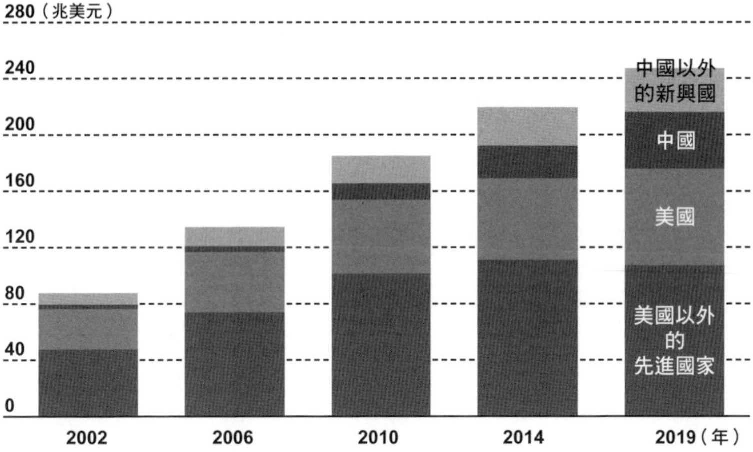

出處：IIF（國際金融協會）各年第一季的政府、企業、家庭收支等負擔額總計

很棒的一件事。對股票或債券投資者而言，或許也是夢寐以求的吧。只是，這對日本而言真的好嗎？根本沒有那回事。對日本而言，無疑是場災難。

由於日本銀行會購買ETF還有債券，讓證券公司很愛首相安倍晉三還有日本銀行。但是中央銀行一直印鈔票，然後持續購買債券或ETF的話，會發生什麼事呢？持續發行的債券如果沒人買，利率通常會升高。今天之所以沒有升高，就是因為中央銀行採取一味持續購買債券還有ETF的異常行動。

不只日本，美國或歐盟等各國都在加速同樣的行動。無限制的金融寬鬆政策正在全球蔓延。曾有位英國人這麼說：「不論世界何處，所有的中央銀行都在做一樣的事。」

二〇〇八年，美國FRB的資產負債表是九千億美元（約台幣二十七兆），但是如今已經膨脹到五兆美元（約台幣一四七兆）。事實上擴大到五倍以上。

這總有一天必須停止，甚至讓人覺得，我們根本無法斷言「提供紙張原料的樹木沒有枯竭的一天」。中央銀行要是持續以相同的氣勢狂印紙鈔，樹木總有一天會被砍光的吧。

越滾越大的借款雪球

借款的雪球已經越滾越大了，所以本次危機的影響將超越雷曼風暴。不論任何地方的借款都非常龐大時，危機發生所造成的衝擊就越大。

我很憂慮的一點是，像德國這樣的國家也已經逐漸浮現不祥徵兆。我小時候，沒有一個國家像德國這樣經濟健全。當時，日本與德國的貨幣都非常強，財政也很健全。但是，如今就連德國都已經出現問題。

正如同前文所述，印度的金融系統存在問題，就算考慮GDP規模，負債比例還是過高。中國也有高額借款，而韓國缺乏足以拯救世界的經濟實力，就算越南的經濟相對而言算好，也無法拯救世界。這些都是很明顯的事實。

辛巴威如今正處於駭人的經濟危機。當地糧食不足的問題嚴重，聯合國世界糧食計畫署（WFP）指出，辛巴威全國有三分之一的國民正在挨餓。辛巴威過去在非洲國家中算是豐饒的農業國，後來受乾旱的影響，如今處於最惡劣的狀況之中。

委內瑞拉的經濟也面臨慘劇。全國陷入天文數字般的通貨膨脹、連續五年的經濟負成長、10%以上人口出逃等最糟慘況。接踵而來的經濟制裁，又讓該國所擁有的最大資源——石油，沒辦法再對美國出口。

全球有好幾個國家像委內瑞拉一樣，已經陷入最糟慘況。只是，這樣的危機發生之時，不能忘記其中潛藏的投資機會。

貿易戰中沒有國家是贏家

而且，美中等各國的貿易戰更讓世界經濟蒙上一層陰影。雖然現在情勢看起來稍微緩和，但是我認為今後重啟戰火的火種仍然存在。

回顧歷史，貿易戰中沒有任何一個國家會是贏家，貿易戰往往會對所有人帶來災禍。川普總統偏好貿易戰，甚至還對國民說，貿易戰很好。

由於川普總統這個人很聰明，所以他認為自己能在貿易戰中獲勝。

他不了解歷史嗎？如果了解，是覺得自己擁有超越歷史的智慧嗎？正因如此，川普總統還有圍繞在他身邊的那群人才會決心發動貿易戰。

川普總統一邊隱約亮出貿易戰這張牌，同時持續周旋於包括日本在內的世界各國間較勁運作。對於中國，也發出暫緩貿易戰的好消息，在某些時間點大家也都因此認為狀況會好轉吧。但是，那並非事實。

因為，即便美國在二〇二〇年實際面對危機時，川普總統也絕對不會坦承：「都是我害的。是我犯了錯。」反而會責難中國、日本、韓國、墨西哥、德國等國吧。

川普總統不會責備自己，會責備外國人。接著，就對其他國家發動更嚴厲的貿易制裁。這就是我認為本次危機將演變成有生以來最糟狀態的原因之一。

我現居新加坡，他們的經濟發展自二〇一九年起已經開始減緩。在美中貿易戰或提高關稅等影響下，新加坡經濟早已開始減速。這對於貿易占經濟很大一部分的韓國而言，也造成莫大影響，在同一個時間點，當地景氣已經開始惡化。

韓國本身存在與日本對立的問題，除此之外，很久以前就發生過很多問題。貿易戰會讓很多國家的經濟發展趨緩，而印度金融系統所象徵的問題又會讓情況雪上加霜，更為惡化。

經濟對立演變成戰爭的可能性

經濟對立往往會演變成發動真槍實彈的「戰爭」。川普總統偏好戰爭，他很可能將全世界一齊捲入戰爭。川普總統畢業於紐約軍事學院（New York Military Academy），由於讀的是軍事學校，所以自認比眾將軍都優秀。

因此，他可以說是個危險人物吧。政治人物能藉由戰爭轉移國民的注意力。發生戰爭時，要責難外國人是非常容易的。不同的膚色、不同的語言、不同的宗教，食物也有所不同，任何問題都很容易歸咎於外國人。

綜觀歷史，許多政治人物都只會批判外國人，那往往與戰爭相互連結。回首過往，對於所有戰爭人們事後幾乎都會後悔說：「當初怎麼會演變成那麼愚蠢的戰爭呢？」但實際上就是這樣發生戰爭。

日本一九四一年攻擊美國時，日本政府對國民是怎麼說的呢？「因為美國禁止對日本出口石油或鐵屑」——他們是這麼說明的。美國另外還採取像是禁止飛航機燃料出口、凍結日本在美資產等措施。美國當時很明顯是在挑釁日本。因此，日本政府批評：「是美國害得我們不得不開戰。」

日本當時有各式各樣的資源與原物料都仰賴美國進口。換句話說，當日本攻擊美國並獲勝時，就能迫使對方言聽計從，重新開放進口。他們那套道理是「為了獲得資源，不得不發動戰爭」，政府就是撒謊慣犯，不可以輕易相信。

一九四五年，美國在廣島與長崎投下原子彈。其實，根本沒有必要那麼做。

日本在更早之前就在摸索、謀求和平的途徑，也就是投降的方法，但是美國並不在乎。

當時日本由於憂心蘇聯的占領，已經準備好要投降。即便如此，美國還是有將軍希望投下原子彈，所以派出B29轟炸機到日本，投下原子彈。所謂「為了打倒日本，所以不得不投下原子彈」的主張，也可說是個謊言吧。

所以同樣的，日本政府才會告訴國民「因為美國實施制裁，所以不得不發動戰爭」，日本人因為要終結美國的制裁，所以不得不戰。

戰爭的頭號犧牲者是「真相」

我們可以從中汲取的教訓是：不要只聽信單一的資訊來源。歷史已經證明，仰賴「責難外國人」這種粗糙手段的政府會引發愚蠢的戰爭。

美國於二〇〇三年發動伊拉克戰爭時，是用什麼藉口呢？美國主張，時任伊拉克總統的薩達姆・海珊（Saddam Hussein）「擁有大規模毀滅性武器」。但是事後證實，所謂的「大規模毀滅性武器」並不存在。美國後來並未詳盡報導這個事實，外界甚至質疑「媒體遭受審查」。

這種情況並不好。任何國家都應該擁有開放的新聞業與言論自由，但是有句著名格言說「戰爭的頭號犧牲者就是真相」便是如此。一般認為，這句話出自古希臘三大悲劇詩人之一、曾參與波希戰爭的艾斯奇勒斯（Aeschylus）。美國參與第一次世界大戰時，參議員海勒姆．詹森（Hiram Warren Johnson）說過這句話。詹森似乎主張自己是第一個說出這句話的人，但是那或許並非事實。

全世界所有人都應該造訪廣島

當經濟低迷，陷入恐慌，社會變得不穩定時，發生戰爭的可能性就會升高。這是來自歷史的教訓。戰爭一旦爆發，人人都會愛上戰爭，不論任何人都會非常興奮，愛國心高漲，為本國軍隊加油。他們永遠支持前線的年輕人，政治人物還會說「這是一場美好的戰爭」。

一旦開戰，每個人都會熱血沸騰、被沖昏頭。政治宣傳會熱情宣揚邪惡的俄羅斯人、邪惡的日本人、邪惡的美國人。宣傳說，他們有多麼恐怖，對我們來說是何種威脅。還會特別強調說，我們比敵方優秀。然後人們會互相走告，我軍將粉碎敵軍。只要開戰，人們就會沈迷於陶醉感中。

但是，戰爭是很恐怖的。我希望，人們能認知到戰爭是非常恐怖的，不要覺得那很刺激。

有很多人都沒有從歷史中學習，不了解戰爭是一件多麼糟糕的事情。正因如此，全世界所有的政治人物都應該造訪長崎或廣島，認知戰爭有多恐怖。

我曾經造訪廣島，參觀和平紀念資料館。那裡呈現的是一個讓人難以置信的瘋狂世界，讓人很難保持鎮定。那裡所有的一切，對我而言都是衝擊。

廣島曾有場惡夢。原本，那絕對不會發生的。因為，美國根本沒有必要投下原子彈。但讓人難以置信的事情就那麼發生了。人們被燒死、被破壞。廣島民眾只是一如往常的過日子，原子彈卻突然從天而降，建築物被摧毀、居民被燃燒殆盡。

我由衷希望不只是政治人物，全世界每個人都能造訪廣島，了解那一天是什麼樣的瘋狂變成了現實。希望大家了解，那是怎麼一回事，究竟發生了什麼事。

一旦見識過廣島的地獄，在人們說出「好了，那就開戰吧」之前，會不會想要踩煞車，打消這個念頭呢？

二〇一九年，教宗造訪廣島與長崎，向世界發出應該禁止核武的訴求。每個人都應該像教宗一樣，了解原爆受災地發生過什麼事，然後將那樣的悲慘傳達給家人或朋友知道。

很多人偏好戰爭

戰爭一結束，很多人會說「那真是悲慘呀」。但是，任何人在開戰的那個時間點都熱愛戰爭。尤其如果自己的國家獲勝了，任何人都會愛上戰爭。

事實上，就算是自己的國家獲勝，戰爭依然是個錯誤。那會摧毀某人的生命、摧毀資本，將每個人的生活攪得天翻地覆。

人類歷經好幾個世紀企圖終止戰爭，不過那是不可能的。歷史證明，反而有很多人偏好戰爭。人類最愛戰爭了。

如果能找到終止戰爭的方法就好了，但是我不知道該怎麼做。一旦開戰，所有人都會變得狂熱。政治宣傳、媒體還有政治人物，全都會歌頌戰爭，將戰爭正當化；會鋪天蓋地宣傳我們才是正確的，對方是錯誤的。

回顧歷史可以發現，一旦開戰，不論政治人物或媒體總會說一樣的話。就像我說過，「戰爭的頭號犧牲者是真實相」，這樣的指責是正確的。只要自己的國家開戰，任何人都必須去打仗時，不論是國家或媒體都會對國民編出很多謊言。

然而，就算有非常多的謊言，任何人都會相信。由於愛國心沸騰，就算是只要冷靜思考就會覺得奇怪的事情，慢慢的也就沒有人抱有疑問了。那是非常危險的。

沒有任何時代不存在經濟問題

美國有很長一段時間享受史上最長的經濟繁榮，直到最近。那讓很多人甚至認為，榮景或許能持續百年。川普總統始終說「美國經濟沒問題」，但我認為這是錯誤的。歷史上，沒有任何一個時代不存在經濟問題。

如今，全球發生各式各樣的問題。不只中國或印度，包括美國或日本在內，到處都已經埋下火種，危機無法避免。有鑑於龐大的借款，本次危機應該會演變到非常慘烈的地步。

由於川普已經發動貿易戰，狀況會更加惡化，大概會像一九三〇年代那樣墜崖似的筆直墜落吧。由於全球的政治人物都犯下累積高額借款的錯誤，本來可能只是一般性的不景氣，馬上能止跌回升，如今眼看著將演變成重大災害。

下一章，我將回顧在過去的經濟危機中發生過什麼事。

第2章

過去的危機中發生什麼事

Jim Rogers

The Age of Crisis

不論任何聰明人都無法阻止危機

經濟危機在這個世界上反覆發生。每個人都想阻止危機，但是不論再怎麼聰明的人都做不到。

一九二九年，美國華爾街的股價暴跌拉開了經濟大蕭條的序幕。一九二〇年代的美國曾經非常繁榮。但美國開始出現經濟泡沫，進口也持續增加。

當時的狀況就像是一九八〇年代後半到一九九〇年代初期、歌頌泡沫景氣的日本。泡沫破滅後，日本政府害怕讓承擔高額債務的問題企業面臨破產處理程序。正因如此，日本經濟不僅「失落十年」，更因此浪費數十年的時間。

耗費那麼漫長的一段時間並不是必然。企業倒閉，讓聰明的人進駐，接下不良資產，重新整頓，將公司再次打造成健全的狀態——但是日本並沒有這麼做，反而沒將資產交給聰明的人處理，全都交給無能的人。結果，間接導致日本經濟陷入長期低迷，苦於甚至被稱為「失落三十年」的不景氣。

美國也是，一九二〇年代前半與泡沫時期的日本問題很類似。接著降臨的就是巨大崩潰。由於美國當局提高利率，維持預算平衡，所以慘況維持了數年。當時的美國同樣長期存在嚴峻問題，解決對策就是提高利率以及維持預算平衡。

當然，危機當頭卻提高利率，還企圖維持預算平衡，任何人都會因此遭受衝擊吧。但是，美國在第一次世界大戰後就是實行了這樣的政策，美國經濟隨後也暫時恢復。

一九九〇年代開始，不僅日本，挪威、瑞典、芬蘭等斯堪地那維亞各國，藉由將破產銀行國有化、分割不良債權等方式，致力投入重整對策，打算盡早讓銀行再次民營化。沒有將「任其破產」視為禁忌，間接促使這些國家的經濟在短期內重生。這與失去數十年時間的日本可說是兩相對照的例子。

歷史顯示，不讓企業負起經營失敗的責任，卻還全力支持它們，並非最佳的處理方法。延宕應該採取的對策，是日本經濟長年停滯的理由之一。

一九二九年經濟大蕭條的教訓

讓我們試著回顧一九二九年發生的經濟大蕭條吧。同年的十月二十四日，美國股價暴跌。投資者陷入恐慌，股票經紀人之中有好幾個人自殺。一九二〇年代不動產價格、股票持續上揚，在景氣繁榮的背景之下，汽車等也迅速普及，這是個被稱為「永遠的繁榮」的時代，沒想到會突然風雲變色。

一旦景氣陷入長期低迷，矛頭就會被指向國外。當時的總統胡佛（Herbert Hoover）採取優先保護國內產業的政策。在此潮流中，議會提出被稱為「斯姆特—霍利關稅法案」（Smoot-Hawley Tariff Act）的法條。

該法對海外進口的農產品等課以高額關稅，藉此保護國內產業。農產品價格一旦高漲，美國農民自是歡天喜地，但是消費者當然叫苦連天。

「這是糟糕的政策」，甚至有大概上千位美國經濟學者不惜刊登報紙廣告，發出這樣的怒吼。即使遭受「這對美國並非好事」的批判，美國還是率先點燃貿易戰的戰火。議會通過該項法案，並由總統簽名生效。

貿易戰因此開打。為了與美國抗衡，英國與法國也相繼提高關稅。

各國開始分別構築所謂的「區塊經濟」，亦即以海外殖民地為中心的經濟圈。於是，掛上各自貨幣名稱的「英鎊貿易區」「法郎貿易圈」等應運而生。

隨著區塊經濟發展，貿易減少、經濟縮小是理所當然。國際分工體制崩壞，對世界經濟造成深刻的負面影響。以前，資本是在全世界循環。第一次世界大戰的戰敗國──德國，在此之前必須對英國支付賠償金；而英國必須藉由那筆賠償金，償還戰時從美國借的欠款。

但是在經濟惡化的情況下，第一次世界大戰後喪失海外殖民地、而且又被英美法的區塊經濟排除在外的德國，不景氣益形惡化，漸漸難以償還債務。德國無法繼續支付給英國的賠償金，英國也開始難以償還對美國的債務。

轉瞬蔓延全球的危機

股價暴跌加上貿易戰的窮追猛打，危機瞬間蔓延全球。到了一九三一年，玻利維亞無法償還債務，其他南美國家也接二連三破產。同年五月，奧地利大型銀行「信貸銀行」（Creditanstalt）實質破產。

維也納在第一次世界大戰前曾是歐洲龐大的金融中心。在戰敗後地位雖然下降，戰後的維也納仍維持中央歐洲主要金融中心之一的地位。

但是在全球性大蕭條的衝擊下，該國最大的銀行「信貸銀行」突然停止營業。由於該銀行之前是支撐中、東歐的金融機構，對於當時的歐洲而言，就如同雷曼風暴一般。奧地利政府與該國中央銀行親自出手挽救，但是金融危機瞬間在整個歐洲蔓延開來。

同樣在一九三一年五月，德國大型銀行也宣布破產，到了該年八月，德國所有銀行已經全數關閉。同年九月，英國的中央銀行「英格蘭銀行」停止金本位制。為保護本國產業，提高關稅，進一步加速區塊經濟化。

在此浪潮中，究竟發生什麼事呢？美國的股票市場實際下跌了「90％」。美國當然想方設法用盡一切的可能手段，企圖恢復股票行情。後來，由於政府開始大灑幣，股價因此暫時上升，但是一九三七年股市再度崩跌，跌掉了50％。恐怕那是因為各式各樣的股價護盤對策都是人為的。

在全球經濟混亂、失業者流竄的情況下，高揭民主主義的政黨趁勢崛起。在德國，就是納粹的崛起。之後，第二次世界大戰的戰火也被點燃。

在經濟危機中大賺一筆的人

但是，也不是說沒有人在大蕭條中反其道大賺一筆。世界上總有人在危機中大撈一票。

例如，美國有名的投資者「亞倫兄弟」。家族中最年長的查爾斯・亞倫（Charles Allen），有段時間曾主持投資公司「Allen& Co.」。他們眼見大蕭條讓股票市場完全崩盤，於是開始收購企業的優先股。當時多數企業的股票已經變得和廢紙差不多，所以根本是任君挑選。之後，倖存企業的股票價值開始回復，於是乎「Allen& Co.」成為美國最成功的金融公司之一。因為他們真的是非常有智慧的天才投資家，查爾斯・亞倫可以說是投資者之間無人不知、無人不曉的知名人物。

還有一位名叫羅伊・紐伯格（Roy R. Neuberger）的男人，他是直到二〇一〇年去世、年過百歲仍持續投資股票的傳奇投資家。他在一九二九年開始投資世界之前，原本是紐約布魯克林的鞋店營業員。經濟大蕭條來襲前夕，股價持續高漲，每個人都想在華爾街工作，所以，他也踏進朋友很多的華爾街。那時很多人已經賺得口袋滿滿，可是一九二九年發生股市大崩盤。紐伯格因此幾乎失去一切。然而，直到市場處於谷底的一九三一年，他還是在華爾街工作。在這段時間，他自行構思出一套投資的手法，選擇被廉價擱置卻具備高潛在價值的股票。之後，他創設營運至今的投資公司「路博邁」（Neuberger Berman）。紐伯格一生活到一〇七歲。

我曾經跟還很健康的紐伯格會面，他是這麼說的：「所謂的投資，就像是鞋子的買賣一樣。我買鞋、賣鞋；你也是買鞋，然後賣掉。」不論是鞋子或股票，只要低價收購，高價賣出，自然而然就能累積財富。

紐伯格是我至今所見最優秀的投資家之一。紐伯格在大蕭條發生時，靠著曾是全球最大收音機製造商RCA的股票大賺了一筆。「路博邁」後來成為足以代表華爾街的偉大企業之一。

另外，我們也不能忘記約翰·坦伯頓（John Templeton）這號人物。他在一九一二年出生於美國田納西州，憑獎學金進入耶魯大學就讀。後來再次獲得獎學金，前往英國牛津大學念法律。

在大家賣出的時間點買進，在大家買進的時間點賣出，這樣的「逆向投資」手法是坦伯頓獨特的個人風格。他也留下為數眾多的格言。「做的事情與別人一樣，就只能獲得與他人一樣的結果」「『只有這次會不同』，這句話的代價未免太高了」「最悲觀的時刻，就是買進的時刻；最樂觀的時刻，就是賣出的時刻」……。這些出自坦伯頓的名言，超越時代隔閡，持續在投資者之間口耳相傳。

在一九三〇年代，坦伯頓在紐約證券交易所收購了一〇四家每股在一美元以下的上市企業股票，各一百股。其中有三十家以上公司倒閉，不過其餘七十家公司的股票都大幅上揚。他在一九四二年賣出股票，獲得龐大利潤，坦伯頓因此致富，他的公司也成為美國最有名的投資公司之一。

許多成功的投資家在危機當下發現機會。他們想的事情與他人不同，而是根據自己的思考去投資，藉此另闢蹊徑獲得成功。

危機中最大的犧牲者是中產階級

只要發生全球性的經濟危機，受傷最深的就是中產階級的人們。失去工作、失去財富，孩子的教育機會遭受剝奪的人總會憤怒抓狂。這種情況在歷史上已經數度重演。

遠在大蕭條之前的一八九四年，美國同樣陷入嚴重不景氣。俄亥俄州的企業家雅各．S．科西（Jacob Sechler Coxey）眼見政府對經濟危機袖手旁觀，因此提出嚴正抗議。

他認為，要向聯邦政府要求藉由大規模的公共事業創造工作機會。科西號召民眾響應，一路遊行到首都華盛頓特區。美國當時失業率居高不下，勞動人口中，事實上有兩成處於失業狀態，破產企業超過一萬家，甚至就連銀行、鐵路公司都陷入了經營不善。全美各地的失業者為抗議政府，都站出來以首都為目標一路遊行。科西所率領的團體「科西軍隊」後來終於抵達華盛頓特區。

但是，科西一行人卻面臨殘酷的結局。他們被視為暴徒，被警隊包圍、毆打、逮捕。科西在演說中這麼說：「富人越來越有錢，窮人卻越來越貧窮。再這樣下去，中產階級就會被消滅了吧！」

經濟大蕭條後的一九三二年，也發生了同樣的事情。賓州匹茲堡的神父詹姆斯・考克斯（James Middleton Cox）聚集約兩萬五千名失業者，一路挺進華盛頓特區示威抗議。

被稱為「考克斯軍隊」的團體，其行動獲得某程度上的成功。有共鳴的人越來越多，對他們提供金錢上的援助或免費汽油。國會議員中也出現支持者。

他的行動撼動美國議會，政府因此展開公共事業計畫，祭出遺產稅提升到70％的方針。之後，考克斯成立失業黨，甚至一度被提名為總統候選人，因此名噪一時。

二十一世紀也出現過類似事件。雷曼風暴過後，紐約發生「占領華爾街」的大規模示威活動。前後持續半年的示威活動，嚴厲批判政府所主導的金融機構挽救措施或對富裕階層採行優惠措施。

這樣的活動本質，與十九世紀末的「科西軍隊」或一九三二年的「考克斯軍隊」都是共通的。因為，在經濟危機失去重要事物的中產階級，不滿與不安的情緒總是高漲。

苦於生計的人尋求憤怒出口

只要一發生經濟危機，許多國家的大學教授或政治人物會指責：「在不景氣中，中產階級正在減少。」如此一來，就會點燃中產階級的怒火，發展成為對政府或富人的大規模抗爭行動。

因經濟惡化生活陷入困苦的人們，不論在任何時代都會尋求憤怒的出口，這是在出現嚴重危機時常常發生的情況。他們或許不知道自己為什麼變得不幸，卻知道自己實際上就是不幸的。

參與「考克斯軍隊」的人們很清楚，直到一九三二年發生了可怕的經濟不景氣，他們為了抗議政府，一路遊行到華盛頓特區。科西他們認為這其中一定有什麼問題，但其實他們並不是很了解具體而言到底是什麼問題。所以，他們只能發起遊行，批判富人。因危機陷入不幸的人，總是會把矛頭指向其他人，富人在這個時候很容易成為箭靶。

危機一旦爆發，不僅有錢人，外國人也很容易成為箭靶。失業一旦增加，「外國人把工作搶走」的批判聲浪就會瞬間高漲。當人們發出哀嚎，同時想要歸咎某人時，外國人與有錢人總會成為被攻擊的目標。

此時，應該回歸到經濟學的基本面。就算人們大賺一筆，變得幸福，每晚在俱樂部跳舞，那也沒有什麼錯。

危機之所以爆發，反倒是意味著發生了什麼，才改變一直以來的世界。即便是現在才爆發的危機，也是長期以來感覺無足輕重的問題持續累積，就像雪球滾下山坡、越滾越大的結果，最終才爆發。乍看之下的小問題產生連鎖反應，演變成為大問題，整面報紙刊載著可怕的新聞，很多地方都會出現不幸的人們。

森林大火是為了世界，讓森林重生

危機就像森林大火。森林大火是很恐怖，但是，同時也提供一個徹底清除老樹，讓森林成長得更好的絕佳機會。沒有人喜歡森林大火，也不希望它發生。即便如此，大火還是為了世界，讓森林重生。

一個良好體系中的運作機制，是當某人失敗後讓賢能之士進駐，幫助企業重振雄風。只要徹底排膿，祭出該做的對策，公司是有可能脫胎換骨的。

但是，日本在一九九〇年代泡沫經濟崩毀之際，政府卻不是給賢能之士資助，反而持續資助無能之人。而從政府拿錢的無能之人，再持續與賢能之士競爭。做這種事情，日本經濟當然不可能好轉。這就是日本經濟當時始終無法復甦，苦於長期停滯的原因之一。由於日本並沒有清除不良體系，導致最糟糕的後果。如果察覺到本身失敗，進而改變以往作法倒還好，問題是放任那些失敗者不管，還持續付錢。

這就是名為「日本」的國家。日本就是愛用自己那一套方法做事。結果，債務持續增加，出生率也逐漸低落。我很喜歡日本，對於很多人而言，也會覺得現在的日本很棒。只是對於你的孩子而言，未來的日本肯定會慢慢變得不這麼棒了吧。

從失去所有的經驗中得到啟示

一旦危機發生，很多人會因此絕望，但是即使失去一切，還是有可能重生的。事實上，我就曾經失去一切。

在我還是菜鳥交易員的一九七〇年，我還很年輕，相關知識或經驗都不足，由於確信股票將暴跌，所以將手上資金全都投入賣權（put option）。所謂「賣權」，是在將來某段期間內，以某個價格賣出股票的權利。我購買的，都是看準股票暴跌時，行使權利賣出股票就能獲利的賣權。

一九七〇年一月，我購買賣權的五個月後，華爾街真的徹底崩潰。股票暴跌，許多企業倒閉。我當初賭的就是會暴跌，所以行使賣權，大賺了一筆。市場觸底那天，我賣掉賣權，資金因此一口氣漲到三倍。

但是短短兩個月後，我卻失去了一切。因為，當初投資的企業股價持續上漲。我認為「股價會跌」而賣空的六家公司，兩年後全都倒閉，預測本身是正確的，但是與賺不賺錢沒關係。我藉由投資一度大賺，最終卻一敗塗地。

初次失去一切，對我而言成為很好的經驗。我的分析很棒，卻未能完全解讀市場變化。儘管如此，我還是學到很多。市場有時會毫無邏輯似的異常變動，我也學到，沒有任何人能預先得知事情會變成這樣。市場是非常不合邏輯的，可能受到人們的心理與行動影響而出現巨大變化。

很遺憾的是，我以前並沒有充分留意這種人類的行為。

我第一次失去一切時非常沮喪。只要遇到危機，很多人變得一無所有，甚至會出現放棄投資，選擇自殺的人。

人們只要活著，為了活下去就必須找工作。其中也有人轉行當了記者，我除了投資之外沒有其他選項，當然也沒有想自殺的念頭。我當時雖然非常不幸，後來還是不放棄，繼續投資。

越是危機的時候，越能考驗一個人的堅毅。希望各位記住這一點。最重要的就是「堅毅」。

這世上到處都是沒有成功的聰明人。這世上充滿沒有成功卻才華洋溢的人。這世上有好多沒有成功的美女。相對而言，成功的人是那些絕不放棄的人。他是不是從哈佛大學、普林斯頓大學、耶魯大學這些名校畢業的並不重要。能否堅忍不拔才最要緊，只要能做到這一點，就能在人生中成功。

被尼克森衝擊而改變的世界

我在一九七〇年投資大失敗後不久，旋即發生一九七一年的尼克森衝擊（Nixon Shock）。那時候的事情我還記憶猶新。當時的總統理察・尼克森（Richard Milhous Nixon）竟突然宣布暫停美金與黃金的兌換。

在尼克森衝擊之前，能兌換黃金的唯一貨幣只有美金。美金長久以來都是全球的核心貨幣，持續支撐著國際貨幣基金（IMF）。尼克森衝擊正是一九四〇年代中期以來被各國所使用、稱為「布雷頓森林體系」（Bretton Woods system）的國際金融秩序崩壞的瞬間。

市場開始狂賣美金。日本銀行拚命收購美金企圖支撐，最後卻失敗了（編按：尼克森同時公布課徵10%的進口關稅。對於長期仰賴出口美國的日本企業，打擊當然巨大。日本股市因此崩潰，在尼克森衝擊短短一週內，日經平均暴跌約25%）。

尼克森會課徵關稅，是因為認為問題出在日本。他覺得從日本的進口剝奪了美國人的工作，間接導致高失業率與經濟疲弱。只要一有問題，政治人物常像這樣歸咎外國人。

日本是絕佳的箭靶。一九七一年時，太平洋戰爭結束不過二十六年，所以還有很多美國人懷抱「日本人邪惡」的印象。

在太平洋戰爭中奮戰的美國人，當時多半介於四十至五十多歲，不論任何人都還記得戰爭對手是日本。所以對於尼克森而言，歸咎於日本人很簡單。

當然，不論任何人都清楚貿易戰不好。儘管如此，尼克森主張捍衛美國產業與雇用的政策卻獲得民眾支持，美國股市暫時上揚，而日本股市則暫時下跌。

不過很明顯的是，美國經濟存在本質性的問題，就算胡亂卸責於某人，效果也是有限的。後來一九七〇年代，美國便陷入高失業率與通膨同時發生的停滯性通貨膨脹。在一九七三年石油危機的追擊之下，苦於長期性的不景氣。

可以預測到黑色星期一的原因

一九八七年十月十九日，發生被稱為「黑色星期一」（Black Monday）的全球性股票暴跌。那一天是我的生日，直到我已經累積大筆財富的今天，都還清楚記得，我當時就已經預測到股市將會一瀉千里。

「某天早上一到公司上班，才發現平均股價暴跌三百美元……，之後會發生這樣的悲劇吧。」我在危機發生前是這麼警告大家的。早在黑色星期一很久之前，我就認為股市實在過熱，暴跌之日已經近了。實際上，看我在媒體這麼發言的人，都會覺得「吉姆・羅傑斯瘋了」吧。因為在那個時間點，股價持續刷新高價紀錄。

只不過，黑色星期一實際發生的股市崩盤，遠比我所預測的還要殘酷。因為事實上，紐約證券交易所的道瓊工業指數短短一天之內就跌掉了五〇八點，換算成比率是22.6％。那是足以名留青史的下滑幅度，甚至大幅超越經濟大蕭條的引爆點——一九二九年黑色星期四（Black Thursday）12.8％的下跌率。

儘管如此，我還是預測股票將大跌，賣空許多股票，結果才能大賺一筆。

當時我在美國哥倫比亞大學的商學院任教，正在上一堂十五至十六人的課，由於我對股市崩盤的預測眾所周知，媒體甚至跑到教室來堵人。

我之所以確信市場會完全崩潰，是因為之前的榮景是個巨大泡沫。很明顯的，發生了某種狂熱。我雖然會犯很多錯誤，但是當時很清楚眼前這一切是怎麼一回事。

問題是，除了我以外的所有人都態度強硬，不論任何人都深信這股狂熱會延續下去。所有的泡沫，全都走過相同的軌跡。人人都沈迷其中，一股腦的認為曇花一現的絕佳情況能永恆維持。

我比較常煩惱的是，賣出投資商品的時機老是出錯，無法正確掌握住市場高峰。但是我覺得，自己很擅長發現市場的谷底。

本次危機的衝擊更勝以往

看到新聞，得知發生危機的人們總會這麼說：「啊~我們現在理解問題出在哪裡了。」危機是會像雪球從坡道滾下一樣，越滾越大的。

二〇〇八年秋天發生雷曼風暴，但是在那之前，冰島或愛爾蘭早已發生金融危機。世界上大多數人都將其視為小問題，沒有放在心上，事後回顧才發現那是危機發生前的預兆。所有危機都始於小事，後來逐漸發展成大事，最終引發像雷曼風暴那種大規模的經濟崩潰。

雷曼風暴牽扯到非常多的債權人、債務人。結果，就連自認與雷曼毫無關連的人們，生活也遭受重大影響。美國政府雖然企圖挽救陷入絕境的經濟，卻缺乏有效的手段。

本次危機也會發生類似的事情吧。而且，衝擊更勝過往。毀滅突然降臨，人們的生活毀於一旦。所有一切都會崩潰，所有人都會受到影響。

毀滅的導火線之一，就是外界所憂慮的「德意志銀行」。該銀行已經陷入危機，民眾對於銀行信用的不安日益高漲。就像過去雷曼風暴所象徵的，一家金融機構破產點燃導火線，造成全球許許多多的人們生活驟變……這種事情是千真萬確存在的。

危機之際，政府該如何行動呢？美國並沒有出手拯救雷曼。當然，或許有人覺得出手救援比較好。但是，那可以說是泡沫破滅後常見的日本型解方。一九二〇年代的美國政府企圖讓財政達到平衡，所以他們提升利率，試著減少開支，讓不行的企業倒閉。一九九〇年代初期的斯堪地那維亞各國政府，同樣也重整存在不良債權問題的銀行。

美國絕對不應該像過去的日本那樣，阻止讓應該破產的企業倒閉。中國政府也揚言將處理不良債權。經營不善的企業就需要重整，徹底清除過往的失敗比較好。讓不良企業倒閉，經濟雖然會暫時陷入混亂，但是總有一天還是能浴火重生。歷史告訴我們，危機發生後，過一陣子經濟就會重新繁榮起來。

一度成功的日本又跌落神壇的原因

戰後的日本從一片焦土中重生，那是因為國民都很勤勉。日本人拚了命的從一大清早工作到三更半夜，為了社會，不惜粉身碎骨的努力。在一九五〇年代，日本培養出打造品質優良產品的能力，他們起初只以廉價為賣點，後來發現必須更上一層樓。因為他們察覺，唯有品質才是讓自己成功的唯一道路。

我到現在還記得，自己與曾為全球最大的鋁材公司美國鋁業公司（Alcoa，後簡稱美鋁）總裁對話。他說他去過日本，買了大型鋁片卷帶回美國。他在位於匹茲堡的總公司，向美鋁的幹部展示這個鋁片卷。「這絕對是非常特別的鋁片卷，從沒看過品質這麼棒的產品。」幹部們說著，都覺得很吃驚。

但是他卻說：「這在日本呢，只是『標準的』鋁製品而已。」日本製造商慢慢察覺，只要能實現優良品質，商品就能賣到全世界去。整體製造業因而投入改善活動，後來做到了高品質的產品。

一九五九年當「本田」（HONDA）進軍美國時，所有美國人都捧腹大笑。「那什麼日本製造的摩托車，怎麼可能在美國暢銷嘛。」這個故事後來如何發展，相信每個人都很清楚。由於本田產品品質高，價格又親民，許多美國人開始購買本田的產品了。

一九六五年，美國「通用汽車」（GM）是全球最富裕、強而有力的公司，GM甚至沒有負債。某位顧問來到公司，在董事會上說：「日本製造商進軍美國了。」結果，經營團隊嗤之以鼻，笑說：「到底哪個人需要在乎日本製造商啊！」

五十年後，GM破產，豐田汽車則被譽為高品質，成為全球最大的汽車製造商。半世紀前擁有高市占率的美國三巨頭（通用、福特、克萊斯勒）都深信日本汽車沒有競爭力而敗下陣來。

日本製造商以親民價格打造出高品質的汽車，豐田後來成為全球最大的汽車製造商。就如同全球最棒的牛排館不在美國，而在東京一樣，日本人對於品質的執著傲視全球。我確定，全球最棒的義大利餐廳也不在義大利，而是在東京，就跟全球最棒的牛排館一樣。日本人從蘇格蘭學習威士忌釀造，然後做出遠勝於始祖的產品。在一九五〇年代日本人了解到，商品銷售靠的不是價格，而必須仰賴品質。這才是日本成功的原因。

但是，日本從戰後危機中重新爬起來，達成高度成長的成功經驗，後來全都白費了。日本在泡沫破滅後，出手拯救經營失敗的企業，使其免於倒閉的案例格外引人注目，經濟也長期陷入低迷。

當今日本正面臨許多問題。出生率低，欠下龐大債務。而且為了支撐有問題的產業或企業，又一味持續舉債，此刻未曾出現過的危機正迫在眉睫。我很喜歡日本，但是絕不認為日本的將來一片光明。

第3章

危機之際應該如何行動

Jim Rogers

The Age of Crisis

十五年內所有常識都會產生戲劇性變化

那麼，危機之際應該如何行動呢？

首先，很重要的一點是你必須改變對於危機的認知。危機絕對會以一定的頻率發生，如今你相信的很多正確常識，十五年後都很有可能變成錯的。

希望各位回顧歷史。一九三〇年，不論任何人都認為的常識，到了一九四五年變得如何？第二次世界大戰改變了一切。換言之，世界永遠都在變化。所以我認為，不論任何人都必須學習歷史。

當然，也不一定絕對是十五年，有可能是十年，也可能是二十五年。但是只要檢驗歷史就會發現，大概經過十至十五年，就會有巨大變化降臨。

我是在學歷史的過程中察覺到，每經過十至十五年，世界上出現戲劇性變化的例子並不算少數。

例如，一九九一年蘇聯解體，這是在事發十年前，不論任何人都無法想像的。一九八九年，柏林圍牆倒塌短短兩年後，蘇聯就不存在了。當時，有很多人認為共產主義會隨著蘇聯的解體而消逝。然而，十五年過去了，還是有好幾個共產主義國家存活下來。

我們如今所認為的一切常識，都是錯誤的，這麼說並不為過。如果想成為成功的投資者，就必須理解到這一點。

變化中出現的契機，就是危機。危機同時也是很棒的機會。日文的「危機」與中文的「危機」雖然發音不同，意義卻一樣，與「機會」互為表裡。

看到報紙以全版篇幅報導危機的新聞時，你可能會想：「啊，天呀，這真是一大慘劇啊。」不過，也有人會認為「這是很棒的消息」。恐怖攻擊或天災襲擊的世界真的讓人很悲傷，但是對於投資者而言，其中也萌生出機會。

即便發生危機，也沒必要絕望

就算你因危機失去一切，不論情緒有多麼低潮，還是會有谷底翻身的機會。絕望有多深，下一次降臨的幸福就有多大吧。

當世界陷入危機，總會出現因絕望而自殺的人。我想告訴那些人，不論情況多糟糕，只要過個十五年，世界就會重新洗牌。

就算你因為危機而下場悽慘，情緒非常消沈，也不能自殺。我認識的某人，因為被妻子拋棄而自殺。我過去也曾因為離婚而消沈，如今卻感謝上帝這樣的安排。因為事情過了十五年後，我變得非常幸福。

全世界都有很多類似的故事。人們可能因為某種理由而非常低落，但徹底絕望的人肯定沒有去看看歷史，他們只是不知道，十五年後將有嶄新的人生在等著他們罷了。

只要不自殺，或許會有很棒的未來在等著自己。在各種死因中，自殺順位最高的是二十歲左右的年輕人。然而，只要過個十五年，狀況就會大幅改變。不論發生多麼糟糕的事情，未來是絕對會改變的。

看看日本也是如此吧。一九六五年證券市場崩潰時，應該有很多人感到絕望。只是，日本在短期內就重生了。一九八〇年的日本變成非常成功的經濟大國。但是十五年後，泡沫破滅，日本經濟表現又衰退得非常嚴重。雖然前文已經提過，總之歷史上幾乎沒有任何時代，是在過了十五年後事物沒有大幅變化的。

首要之務

為了因應危機，首要之務就是了解現在發生什麼事情。即使危機的來臨早有徵兆，幾乎所有人都不會積極的想去找出徵兆。所以，我們有必要理解世界的機制，還有究竟發生了什麼事。

例如，印度的金融體系發生了什麼事，我們必須去探尋相關預兆。不論找到是什麼、看的是什麼，都懷抱這樣的想法比較好。在此之際，最重要的是不要去問別人該做些什麼，不應該去聽取某人的意見。因為要是發生什麼問題，自己就會不知道該如何是好。

不用自己的腦袋思考，只根據他人意見行動的話，當事情進展不順利，你就會不知道下一步該怎麼做。如果是投資，就應該只投資自己很了解的東西。否則，你根本不知道買下的理由，當事情一不順利，就會不知道該如何是好。

不論任何人都想要「hot tip」（有力消息），任何人也都希望我能說出「買這個就沒問題」。但是依靠別人，會讓自己變成一個完全沒用的人。所以，必須用自己的腦袋思考，然後投資自己很了解的領域。

如果你在人生中只能投資二十次，你會對自己的投資標的非常費心留意吧。不會因為「聽到一個能賺錢嚐甜頭的消息」就馬上高興得跳起來，應該也不會試圖要從他人身上打聽什麼有力消息。要是完全沒有任何發現，那就留在自己熟悉的世界裡，什麼都別投資還比較好。

很多情況下，成功的投資者在自己不了解狀況時是什麼都不做的。他們這時候只是坐著，望向窗外，然後等待。等到發現自己認為很好的投資標的，確信一切會很順利時，才出手投資。一旦投資，只要靜靜等候價值上升即可。你自己應該知道，什麼時候應該賣出。

如果自己熟悉該領域，有任何變化讓狀況好轉或惡化，都能迅速掌握。要是因為某人推薦就毫不思考的投資，不但不清楚那是什麼商品，連當初為什麼買都記不清楚了，之後只會因此陷入苦惱。

汽車也好、時尚也罷，什麼都好。只要對該領域深入了解，就能讓自己比別人處於更有利的立場。關於投資，最重要的教訓是，當大家都一敗塗地時，你只要投資自己了解的什麼，在很多情況下該投資商品的價值日後都會大幅上升。

所有人都失敗時，正是機會

幾乎所有人都失敗的時候，有智慧的投資者正巧妙的在檯面下運作；不論任何人都悲觀的說「已經不行了」的時候，只要從中發掘機會加以投資，情況恢復時所獲得的利益將非常可觀。所以，應該遵守「投資本身非常熟悉的領域」的原則。如此一來，你就會有很高的可能性賺到大筆財富。

當然，投資前必須執行完整調查。你如果想成功，就應該不辭辛苦的收集資訊。如果覺得找不到應該投資的對象，就應該把錢存在銀行，等候投資的時機。

二〇〇六年以及二〇〇七年，當時有很多人已經察覺經濟出現狀況。次級房貸的問題很明顯的已經越來越嚴峻，很多人選擇袖手旁觀，最後失去金錢或不動產。危機來臨時，不論錢存在哪家銀行都應該注意。不要只選擇大型銀行，推薦各位錢要存在財務穩定的銀行。

我目前持有俄羅斯債券。俄羅斯債券利率高，另一方面俄羅斯政府總剩餘債務與GDP比還沒有惡化得很嚴重，相對而言，健全性可以說是比較高。

即便如此，如果是在地圖上找不到俄羅斯在哪裡的人，也不應該購買俄羅斯債券。就算報紙或網路有人說「應該投資俄羅斯債券」，也不要盲目聽信比較好。因為，那並不是自己完全理解的投資標的。

我知道俄羅斯在地圖上的位置，也知道俄羅斯的投資經紀人怎麼找，我還曾經造訪過當地。「對俄羅斯，該怎麼投資才好呢？」如果有人這麼問我，我會這麼回答：「如果不了解投資俄羅斯的方法，就不應該投資俄羅斯。」

要是有必要特地去調查投資俄羅斯的方法，那就不應該投資俄羅斯。我從一九七〇年代至今，長達半世紀的持續投資，也並不是說總是成功、萬無一失的。

危機之際應該持有的資產

發生危機時，應該持有哪些資產呢？我目前持有大量美金。我已經說過，美國如今欠下全球最高的債務，已經處於崩潰臨界點。而且，狀況還在日益惡化。那麼，為什麼我還持有美金呢？

我們有必要理解人們會如何思考，然後如何行動。危機一旦發生，人們會這麼想：「美金是安全的避難所。」只要一發生問題，人們就會尋找安全的避難所，所以首先他們就會將美金視為安全的投資標的。

正因為如此，只要一發生危機，美金就會升值。危機有多嚴重，美金就會隨之高漲，美金的價值屆時會被過度評價吧。到了那個時間點，我就會賣出美金，再投資其他的什麼。

當然，危機之際該如何行動，還必須根據發生了什麼事來決定。不過，屆時除了美金，恐怕其他大半貨幣都會貶值。當然，黃金也是很有希望的投資標的，但是危機的最初階段，黃金價格往往會下跌。因為陷入資金不足窘境的人，必須賣掉黃金籌措現金。我賣掉美金之後，或許會改買黃金或白銀吧。當然根據不同狀況，突破對策應該也會有所改變。

在危機的初期，就算黃金下跌也會立刻回升。綜觀歷史，人們在本國經濟惡化、貨幣貶值時，下一步就會想要購買黃金或白銀。大概會有許多學者說：「那太奇怪了。買黃金或白銀，根本於事無補。完全幫不上忙啊。」不過，別放在心上，因為多數人並不是學者，而是一般人。只要一發生問題，他們就會去買黃金或白銀。大學教授讓人家去做他們想做的事就行。

我從以前就長期持有黃金和白銀，前陣子還多買了一些。如果遇到金銀價格下跌的時機，會再多買一些吧。因為不論面對任何危機，金銀價格就算暫時下跌，也會立刻漲回來的。

本次危機將會變得非常嚴峻，就算大學教授或中央銀行說什麼「買黃金也沒意義」，很多人也會毫不在乎的去買吧。所以我會繼續大量購買金銀，做好準備。

中國人特別喜歡黃金。共產主義體制的中國在經濟自由化之前，黃金不太容易到手，所以價格很高。更何況，擁有足夠資金去買黃金的人也不多。如今，在中國買黃金很簡單，有黃金的期貨或金幣，只要去中國銀行分行還能買到金條。

儘管如此，還是不能光聽別人說什麼就囫圇吞棗。對於投資，要用自己的方法比較好。我持有金銀，還有大量美金，並不是因為這樣是健全的作法，而是因為很多人認為這樣是健全的。

人們在危機之際，比起英鎊、歐元等其他貨幣，會優先考慮美金。就算實際上不是這樣，人們還是會這麼想，然後採取行動。

企業該做什麼呢

為了因應危機，企業又該做什麼呢？首先，應該以戲劇化的幅度縮減負債。同時必須注意顧客＝交易對象。債台高築的交易對象，危機之際會遭遇麻煩，無法回收款項的風險也會升高，因此，企業除了本身負債之外，還必須注意擁有高額借款的交易對象。企業或許不想剔除顧客，不過，欠款很多的顧客短期間內會有出問題的風險。

無論如何，負債累累的企業本身就存在問題，所以必須加以因應並預作準備。危機一來，數家顧客或企業破產，你就算沒做錯什麼，生意還是會大受影響。

就算你的公司過去不曾破產，也沒什麼債務，但是因為多數顧客屆時遭遇麻煩，所以還是先替顧客擔心比較好。另外，也有必要以相同標準，確認自己目前在與哪個國家做生意，要是與高風險國家的企業交易，有可能被捲入意料之外的麻煩中。

而且，自己的公司也必須停留在拿手的強項商務上。危機之際，商務經營必須多角化。許多企業只要不進軍全新商務，不多角化經營，就很容易被批評說「缺乏速度感」。然而，要是企圖投入自己不了解的事情，很多時候反而會引發更多問題。讓事業多樣化經營的企業，很容易被捲入更大的麻煩中，那無疑將導致企業經營更惡化。

所以，特別是在艱困時期，應該專注於自身了解的事情上，減少自家公司的債務，避免與債台高築的企業交易。如果有不必要的資產，賣掉，然後事先增加手頭的資金，也會是有效的手段。

必須事先提升流動性，以備不時之需。賣掉不需要的東西，減少借款。然後，集中投入你最為了解的事業，那麼跨越困難的可能性也會隨之升高。

事先做好因應危機的準備吧

就算平時不知道，危機一旦降臨，就會知道你到底有沒有為這樣的時候做好準備了。

二〇〇八年發生雷曼風暴時，華爾街所有的投資銀行都確信一件事。下一個，輪到哪間公司垮台，我也早就知道，下一個會是「花旗集團」。因為他們長期積極投入次級房貸業務。之後，花旗集團果然出現全球最大規模的損失，接受美國政府鉅額的國有資金挹注，不良債權也成功移轉出去。

「房利美」（聯邦國家房貸協會）也一樣。我事前同樣確信，房利美會崩盤。所以打從相關問題廣受注目很早之前，我就已經在電視上明確說出會發生經濟危機。我早已預見像雷曼風暴那種危機，同時為此做好準備。當然，我也有好一陣子為這次的危機做足了準備。

我在雷曼風暴發生的前一年，二〇〇七年，從美國移居新加坡。當時因為思考危機即將降臨，賣空了「花旗集團」，「房利美」也是。

搬到新加坡那時候，我在記者會上被記者這麼問：「請告訴我們，你賣空『花旗集團』或投資銀行的原因。」我說明，根據前文談過的理由，應該會發生危機。但是，新加坡政府在那個時間點上，還是大量購買這些企業的股票。「新加坡將因花旗銀行或投資銀行股票的投資而蒙受大筆金錢損失。我對此感到悲傷。」我在記者會上這麼說。

但是，（深受新加坡政府影響的）當地報紙卻只刊登「吉姆・羅傑斯定居新加坡，是很幸福的一件事」——這種打安全牌的報導。之後，二〇〇八年雷曼風暴來襲，一切都崩潰了。即便如此，新加坡媒體還是沒寫出「當初吉姆・羅傑斯果然是正確的，我們都錯了」的報導。因為，不論任何人當時都不相信我所說的話。

人們往往不相信違反常識的點子

假使擁有違反常識的點子，告訴身邊的人也沒人會相信吧？在許多人耳裡，那聽起來應該不是人話，像是狼叫吧？

一般來說，沒有人會相信不同於常人的點子或稀有的點子。不論是電視或網路，人們只相信被很多人接受的消息。

人常會被常識束縛，只要多數人都這麼說，就很容易深信那是正確的。不被他人的意見所惑，用自己的腦袋思考事物，並不是一件簡單的事。所以，我都這麼教導自己的孩子：「你們不要依附他人，要用自己的腦袋思考才行。」

這感覺很簡單，事實上是很困難的。

不論是誰都說「天空是藍色的」，但不知道大家到底有沒有好好去外面看過天空，所有人卻都異口同聲這麼說。我並不知道天空事實上是不是藍色的，但是不論任何人都深信那一定是藍色的，要是你說「天空不是藍色的」，會被人說「瘋了」吧。儘管如此，我們也不應該在乎別人怎麼說。嘗試去質疑這世上公認的常識比較好，要是不用自己的腦袋去思考，就會出現自己看不清的真實。

危機時代，人們的行動存在很多共通點

我說過：「所有一切都會改變。」但是我們能從歷史中學到很多。因為危機

之際，關於人們會如何思考、如何行動這方面，存在很多的共通點。

就算發生危機，經濟崩潰，也絕對會重生……。我從自身經驗還有閱讀中學到這一點。特別是在危機實際發生時，從過去歷史學習更顯得重要。只要是有在投資，就會了解有什麼正在產生變化。問題在於，幾乎所有人都沒有好好正視過去的歷史。只要回顧歷史，絕對能慢慢看清楚現在到底發生什麼事。

日本人了解很多危機。日本人在災害發生時，或許大半都會感嘆：「唉，老天爺啊。怎麼會這樣啊。」不過，過去也曾發生同樣的災害，應該早就從先人智慧中學到不少東西吧。

正因危難當頭，投資者更應該利用投資，去協助困頓的人。如此一來，才能拯救在災害中倖存的人們。

我如果到發生災害的地方去，常告訴災民：「我有錢，請務必讓我投資。」但對方反應如何呢？或許會有部分人士憤怒的說：「滾出這個地方。你只是在利用我們的不幸而已！」然而，多數災民通常都會說：「我們需要幫助，希望你務必投資。」

也有評論員批判：「吉姆．羅傑斯將災害視為商機，真是個可怕的男人。」每當災害發生時，總會出現這種狀況。但是，災民並不會說：「你是邪惡的外國人。」大概會開心的說：「像你這樣的外國人來到這裡投資，藉此幫助我們，我們覺得很感激。」

萌生於逆境的投資機會

全球也有像委內瑞拉那樣，經濟在數年前就已經陷入嚴重慘況的國家。這樣的狀況或許有必要等上五、六年。陷入如戰爭般慘況的國家，一切都很廉價，也存在投資機會。在這樣的國家中，沒有資本也沒有資源，人們過著不幸的生活。

為了親眼確認當地現在發生了什麼事，我不久之前去過委內瑞拉。委內瑞拉當地的飯店都是空的，沒見到什麼投資者的身影。由於我是美國人，投資委內瑞拉是違法的，我沒辦法投資，但是再過一段時間，委內瑞拉無疑將出現投資機會。

如果能在危機或大災害發生後投資，就能賺進大筆財富。當然，如果要行動，就必須選在確信危機已經進入尾聲的時機下手。

一九三〇年代，當美國股票從高點暴跌90％時，應該有部分投資者感到興奮難耐。如果日本股市像泡沫破滅後那樣跌到高點的五分之一以下，身為投資者會對此感到非常躍躍欲試吧。

日經平均指數直到二〇二〇年二月的兩年間，大概都在兩萬一千到兩萬四千點這之間起伏變化。但是，例如說一旦暴跌到四千點，代表龐大的投資機會已經來臨。

我在長年觀察災害或危機的過程中，慢慢學習到哪裡有潛藏機會。

例如，我在一九七三年共同創立「量子基金」（Quantum Fund）的時候。當時隨著越戰落幕，美國的國防經費大幅縮減。因此，美國的國防產業正面臨存亡之秋。「洛克希德」（Lockheed Corporation）是當時美國最大的國防企業，不過因為背負鉅額負債，還向美國政府要求貸款保證，實際上已經陷入破產。但是，我調查過「洛克希德」後，決定要投資該公司。

當然，投資理由並不只是因為「洛克希德」瀕臨危機。而是因為美國國防產業崩潰，事情出現了變化。美軍幹部都認為必須持續守護美國，我並不那麼認為，但是將軍都這麼想。所以我實際跑了一趟華盛頓，拜訪議會，四處徵詢各方人士的意見。「必須持續在國防上面花錢。美國必須變得強大」，很多意見都這麼表示。

從中東戰爭獲得的啟示

讓我想投資國防產業的契機是一九七三年爆發的第四次中東戰爭。開戰當天，埃及空軍成功擊落以色列噴射機。雖然以色列後來挽回開戰時的劣勢，不過一直以來擁有無敵形象的以色列陷入苦戰，可說是個巨大衝擊。

我得知，埃及空軍獲得當時蘇聯所研發的高科技電子儀器，並運用於戰爭中。因此，我開始訪問美國各種不同的國防企業。「洛克希德」當時雖處於破產狀態，卻以高科技研發能力聞名。我問過華盛頓議員那邊，很明顯都覺得美國國防部必須儘速為高科技電子戰做好準備。

但是隨著越戰落幕，國防經費減少，國防企業股價下跌，交易價格都掉到一或兩塊美元。當時的「洛克希德」股票只要大概兩塊美元就能交易。我的解讀是

「電子戰時代來臨，『洛克希德』將在其中扮演重要角色」，後來果然成真，該公司的價值也急速飆漲。短短數年之間，「洛克希德」股價就漲到了一百倍。

當然，我的預測並不是說都會成真，我也持續在犯錯。儘管如此，只要能及早察覺有什麼正在變化，我就有自信賺進大筆財富。

我在二〇一八年賣光持有的日本股票。到二〇二〇年之間，什麼都沒做。但是，下手買的時機已經接近。綜觀世界局勢，日本已經重回我的投資名單中。根據市場動向，可能會再次購買日本股票。雖然我目前還處於物色階段，不過正在思考投資標的。如果持續上漲，我當然不會買進；但是如果下跌，我無疑會考慮投資。現在這樣的局面已經到來。

何謂「危機時代的成功投資」

有金融商品、股票、貨幣等各種不同的投資對象，在危機或災害時的成功投資，與景氣好的時候是不同的。正是到谷底開始反彈時，才會有形形色色的機會孕育而生，優秀的投資者會將不景氣視為正常景氣循環的一部分。

為了在其他人都一敗塗地時成功投資，有什麼是必要的呢？此時必須技巧性的發掘應該投資的對象，在此之際，之前不屑一顧的對象可能鹹魚翻生。

當你懷抱自信發掘出能投資的對象時，就算發掘時間稍晚，不論那是國家、股票抑或金融商品，不論是什麼都可能創造龐大利益。

我總對這個世界或自己孜孜不倦的充分學習，時時思考一旦發生危機該如何行動。為了投資成功，就需要持續研究調查，停留在本身了解的事物上，在出現變化的地方投資低廉標的。

當其他人陷入絕望，什麼都想放掉時，自己反而要去發掘日後能順利發展的對象、並加以投資。這是基本原則。不論是在危機高峰、危機尾聲，又或危機之前，我都是以這樣的態度持續投資。

正如我說過的，市場處於泡沫時不應該投資，就算蔚為風潮的產業日益膨脹，也很難藉此賺進財富。就算投資泡沫，也是很難賺到錢的。

不該將錯就錯

常有人問我，危機之際應不應該持有不動產？價格下跌時，該不該持續持有不動產？該不該購買價格下跌的不動產？大家對此常感到困惑吧。

如果已經持有不動產，很重要的一點是與其繼續持有已經虧損的不動產，不如儘早脫手比較好。不應該將錯就錯。你必須接受事實，根據事實行動。

對於投資者而言，危機就是絕佳機會，能夠學習鍛鍊自我。我得知危機發生時，總會思考自己能做些什麼，該怎麼做才會幸福。危機一發生，我會想：「啊，這裡會有機會。」但是幾乎所有人都不會這麼想，很多人只以觀光客的身分初次造訪一個國家，到當地看看，就覺得這個國家好棒，但是你不應該只這麼想。

在這種時候，我總會尋找有什麼新的或不一樣的東西。我最喜歡親自走訪世界各地，觀察街上或路人的樣子，從中發掘變化。光看到巴黎艾菲爾鐵塔就讚嘆「好棒」的人，還要觀察其他地方有些什麼，多加留心注意。

我年輕時去旅行，看到街景也會單純心想：「好厲害。怎麼有這麼美麗的建築物呀！」但是在長年投資的過程中，開始覺得不只要看美麗的建築物，而是在周遭走走晃晃，從中學習其他地方還發生什麼事也很重要。

第4章

成為有錢人的關鍵

Jim Rogers

The Age of Crisis

不可以想要一夜致富

很多人都希望成為有錢人。但對此必須理解的是，大家想的是要一夜致富，不論任何人都是這麼期盼著。我也一樣。但是這麼一來，就無法順利走下去。

好多人都希望獲得「有力消息」，要是我沒有提供這樣的消息，人們就會垂頭喪氣。但是，你如果想成為一位成功的投資家，一旦依賴某人，反而會無法順利走下去。要是可以輕輕鬆鬆賺大錢，現在應該每個人都能過好生活了，然而，事實並非如此。幾乎所有人都投資失敗。

之所以無法成功，是因為滿腦子只想找輕鬆賺錢的方法。渴望一夜致富的人並不想為了成功付出必須的努力。

我已經說過了，如果人一生之中只能投資二十次，你絕對會拚了命的研究、調查後再投資，所以成功機率會變高。問題是，不管是誰都不想聽這種麻煩事。反之，只要是聽起來很順耳的「致富話題」，大家就會一窩蜂的湊過去。

參考我的話而投資成功的人，都想要我「再多教一點」吧；但是如果失敗，就必須投入其他投資來彌補損失。那是很恐怖的。人一旦被逼入絕境，在不應該投資的時候也會懷抱像跳海那種賭一把的心情隨便投資。這種時候，應該做的是關上門，沈澱心情，靜靜等候。

遇到危機時，不可以想著必須急著跳進哪裡、做些什麼。陷入這種迷思是幾乎所有人投資都不成功的原因。

雖然不容易，但是我能做到看準時機、按兵不動。問題在於許多美國人只喜歡簡單的方法，忙著尋找這樣的方法＋投資，但不論任何人都應該理解到投資其實很難。只要明白投資需要大量努力、大量研究、大量知識，人們恐怕不會那麼輕而易舉的進場了吧。

大家都愛聽「怎麼樣才能立刻賺到錢」，這種心態其實潛藏陷阱。比起自己研究，更熱中於尋找輕鬆的賺錢法，然後，下手投資自己不太了解的東西。但是，投資應該要遵守一個原則，那就是只投資自己了解的東西。

讓生活富裕的必須金額

不久之前，瑞士某家大型銀行公布調查指出，想過上悠然自得的生活需要二五〇萬美元（約台幣七四五〇萬）。但是十年之後，這個金額或許會變成五百萬美元（約台幣一億五千萬）。

如果擁有五百萬美元，假設一年能獲得1%收益，那就只有五萬美元（約台幣一五〇萬）。這很足夠嗎？至少對我而言，這個金額是完全不夠的。

如今，就算擁有一千萬美元（約台幣三億）的資產，錢存在銀行，能賺到多少利息呢？在全球持續低利率的情況下，實在無法獲得足以支撐富裕生活的回報。而且，可能一舉失去所有資產的危機又已經來臨。

我過去曾經歷各式各樣的危機。即便發生危機，也都持續保持清醒，不自暴自棄，持續尋找機會，能做的僅此而已，別無他法。或許還可以考慮離世出家，但是我並沒有這麼做。我只是保持清醒，堅持忍耐撐到最後。

一邊堅持忍耐，一邊徹底洞悉局勢變化，存活下來。除此之外，沒有其他更好的對策。是的，我打從心底是這麼想的。如果你有五個孩子，他們每個人都必須找出屬於自己的存活之道。

危機一旦降臨，可能會有人自殺。但我期盼人們別走上絕路。只要活著，挺過五年或十年，就會發現「啊～太好了。還好當初沒自殺，現在才有幸福人生」吧？因為，狀況絕對會好轉，會出現變化的。

想成為優秀投資者，請詳閱資產負債表

如果想成為優秀的投資者，就必須學習閱讀資產負債表（balance sheet）。只要從資產負債表下手，就能了解考慮投資的這家公司是否健全。資產負債表遠比損益表來得重要。比起損益表，資產負債表更能呈現企業經營的本質。所以要做企業分析時，我都會從資產負債表開始。

我與人聊天時，總會告訴他們必須了解數字。雖然不論任何人都不想了解艱深的數字，因為閱讀資產負債表並分析解讀其實是很累人的一項作業。年報上會有財務諸表的「註記」，閱讀年報時，應該注意的正是這個註記。許多人都不會

留意，但是註記所載的資訊滿滿都是有助於投資的提示。

這是一項費事傷神的工作，普通人都不想做，上面寫的內容既無聊又複雜。但是，只要能理解資產負債表還有註記內容，就能看清楚一家公司的真實樣貌。所以比起記載營業額或損益的損益表，這兩者是更要緊、最重要的。要做這麼無聊的工作，不如去看美式足球或棒球賽……會這麼想的人很多吧。

對一家企業做功課時，有必要與過去相互比較，預估目前狀況與未來展望，所以就算閱讀一整年份的損益表也不夠。想了解一家企業如何變化，備妥五年、十年、十五年份的損益表是不可或缺的。

儘管如此，最重要的還是資產負債表，首先應該從這部分下手。這麼一來，就能學到很多關於這家企業的事情。

特別是如果想分析企業，就必須了解借款狀況。這些相關資訊全在資產負債表上。例如，上一年明明沒有借款，今年卻突然增加借款，就必須調查發生了什麼事情。這意味著，必須同時謹慎確認其他項目才行。

相反的，過去長期承擔大筆負債，現在卻幾乎沒有負債，也必須檢視這家公司是怎麼改變的。大家幾乎都不會像這樣依照正確程序分析一家公司，所以，幾乎所有的投資者都會失敗。損益表當然也很重要，但是別忘了，應該將「了解資產負債表」列為優先要務。

投資股票指數是有效手段

許多研究結果顯示，幾乎所有專業投資者的投資表現都不會比平均股價指數來得好，債券、金融商品或貨幣等相關投資也一樣。真是如此，若是想投資股票，那麼投資與平均股價連動的股票指數還比較好（日本的話，是像日經平均股價、東證股價指數＝TOPIX等，以連動創造收益的ETF；或譬如台灣加權指數）。幾乎所有投資者會說投資ETF這類商品會比較好吧。

這個道理很單純，卻是事實。幾乎所有投資者皆是如此，與其投資個別股票，購買股票指數型商品會比較好。這麼一來，就不用為了個別股票漲跌提心吊膽，可以酒吧喝完一家換一家，又或者去觀賞足球或棒球賽。不僅股票，投資債券、商品或貨幣指數也是同樣有效的手法。

經過一次又一次的失敗，我學習到很多。雖然已經數度重申，不過當自己搞不清楚在做什麼時，就不要投資，沉著冷靜的等候時機到來。

切勿被什麼人的話語迷惑。我從經驗中學到，每次傾聽他人意見時，往往都會犯錯；也學習到，當自己都搞不清楚在做什麼的時候，絕對會失敗，所以這種時候按兵不動比較好。

不用說，比起一年損失2％，不如一年賺到1％。有些時候，就是按兵不動比較好。你應該等到有自信賺得到錢時，再下手投資。

很多人都不清楚自己在做什麼

我非常喜歡投資的世界，成為交易員時真的很開心。每天早上醒來，都想掌握未來會如何變化。當然，所有投資者都想預測未來，幸虧我在很早期就學到很多。起初，不論任何人都比我聰明，經驗豐富，端著一副接受過良好教育的架子。只是，很多投資者沒多久就察覺到，自己並不是很清楚自己到底在做什麼。在投資的世界裡，不了解自己在做什麼的人非常多。他們全都擁有同樣的思維，遵循著同樣的思維。

我從經驗中學到，就算一度成功，只要犯下部分錯誤，大成功就會變成大失敗。我從這樣的教訓理解到，成功有很多要件，我在前文說過實際上已經破產的「洛克希德」，由於電子戰廣受注目，股價後來又大幅上揚。我在投資「洛克希德」股票那時候，參加過投資者齊聚的晚餐會。當時有眾多著名投資者齊聚一堂，討論投資點子。我到現在還記得，自己是當年參與集會的最年輕會員。我在會中直接說：「應該買『洛克希德』股票。」

結果，餐桌對面一位向來以「聰明投資者」聞名的男士，以大家都聽得到的音量這麼說：「誰會買那種股票呀！」這讓我感到很羞愧。因為我在眾人之中，是最年輕、經驗最淺的投資者。

但是，後來當「洛克希德」股票漲到一百倍時，他也就沒再多說些什麼了。

重要的是，要從自己本身的經驗或閱讀等持續學習。我現在還是很喜歡閱讀關於過去證券市場歷史的書籍。因為，可以藉此得知過去發生的很多事情。

傾聽孔子的格言吧

中國有位偉大的思想家——孔子。我曾去過孔子的墓地，還有據說是他出生的家。他的思想跨越不同時代，持續存活在這個世界。他說的話數百年來獲得很多人的高度評價，所以他所說的話中，無疑存在某種「真實」。

能永恆流傳的事物存在著某種真理。當然，也會有人說現在的時代並不需要孔子吧？但是我認為，孔子的話中蘊含一個人挺過試煉時的必要智慧。

學習孔子思想後，大概會覺得「啊，上帝呀，我之前都錯了」。孔子自己本身也犯過很多錯誤，但是他從錯誤中學習的能力很強。正因如此，可以從他的話語中挖掘出一些東西，幫助我們挺過試煉。

「只要不停下腳步就好，不論是以多緩慢的步伐前進都沒問題。」孔子是這麼說的。耐住性子與堅忍不拔，對於一個人而言是最重要的。「不論去哪裡，都請盡心盡力的行動。」這句話同樣意義深遠。

我常跟人說：「投資在自認比其他人更了解的領域比較好。」我的哲學其實與孔子有共通之處。「懂的事情就說『知道』，不懂的事情就說『不知道』。這樣才是真正的『知道』。」孔子的這句話，好像與我「只投資在自己了解的東西上」的想法相近。

容我再多介紹一些孔子的話。

「最大的榮譽並非我們從不失敗，而是每次失敗都能重新站起來的能力。」儘管身處逆境也不放棄希望，堅忍不拔，絕不應該考慮自殺。

「人在逆境中，考驗的是一個人的真正價值。身處在逆境能樂在其中，在順境同樣也能樂在其中。」

「成功者絕對擁有自己獨到的哲學。正因為那樣的哲學夠紮實，成功者的人生才不會受到撼動。」

「只知道學習而不思考，就會迷惑；只思考而不學習，就會疲怠。」

「溫故知新。這樣，也能為人師表了。」

不僅是面對危機的時候，上面的任何一句話，在我們的人生路上全都能成為重要的指引。

從柏拉圖身上學到的東西

希臘哲學家柏拉圖曾這麼說。

「數年過去，時光流逝，你有很多意見都可能成為完全相反的事情。」他也曾這麼說：「戰勝自我，就是最棒、最崇高的勝利。」

柏拉圖是有智慧的男人，他的話語蘊含豐富啟示。我引用幾句能給大家帶來的好建議，雖然已經數度重申。那就是「除非是你知之甚深的熟悉領域，否則請絕對不要投資」。

什麼都不了解就投資的人到底有多少啊。每天開啟網頁，就選擇投資標的，把錢送給金融機構。他們雖自稱投資者，不過是否真的了解自己在做什麼，這點我必須打上一個大問號。他們什麼都不知道。我今晚就去你家門口，敲門說：「我是吉姆．羅傑斯，要不要投資個一億圓呢？」你恐怕不會開門，會直接報警吧。

但是，每天人們卻都在線上大筆、大筆的匯款，他們主張持有基金，卻不知道是誰在管理。他們對於基金幾乎一無所知。

他們會投資企業，僅僅憑藉從某人口中聽到「這是好的投資標的」的資訊，卻不會實際運用自己的腦袋思考再投資。明明對投資對象了解得不多，就不應該將錢交給不認識的人。

柏拉圖也這麼說過：「不論吸收到多少知識，都無法變得全知全能，但是與不學習的人之間，能分出天與地的差別。」

只要你對於投資對象了解得不多，那麼不論在哪裡都不該投資。如果想成功，希望大家只投資了解的對象，別將錢交給不太認識的人。

每天都有數百萬人在線上什麼都不思考的投資。「X這支基金很好」「不對，是Y！」他們常常會這麼說。實際上，幾乎所有人都不了解投資商品的內容是什麼。他們不做充分的研究就匯款給金融機構。

羅馬劇作家泰倫提烏斯也有句格言是這麼說的：「幸運站在勇者那一邊。」這是正確的，但是如果有勇無謀也無濟於事。擁有大量資訊的人，才容易獲得幸運。研究做得越多，幸運就會一直增加下去。

失敗四十次也無妨，只要有三次成功就好

我雖然經歷過無數次失敗，另一方面也獲取了幾次成功。失敗雖然很多，成果卻非常豐碩，可以說是「歷經四十次失敗，獲取三次成功」吧。不過，這三次成功卻是很了不起的。

投資圈有句格言是這麼說的：「減少損失，獲取成功。」只要有三次精彩的成功，彌補四十次失敗造成的損失，確保龐大利益，那就好了。

獲取巨大的成功之後，失敗時減少損失是很重要的，這也是投資世界的鐵則。就算嘗試各式各樣挑戰，歷經無數次失敗，只要有一次極大的成功就能抵銷損失。

日本這個國家的特色就是不願意讓人嘗試失敗。如前所述，在泡沫破滅後的一九九〇年代，日本沒辦法輕易讓那些無法繼續經營下去的企業倒閉。這是因為，日本存在著「每個人都不允許失敗」的文化吧。

並不是說日本長期以來始終存在「害怕失敗」的文化。戰國時代的武士就充

滿挑戰精神。雖然我並非了解日本數千年的文化，只是光以相撲為例，有成功的力士也有不成功的力士，他們就會被冠上「橫綱」或「大關」這種上下有別的位階。

換言之，人們企圖避免失敗的思維，並不是說只一直存在日本。我並不認為「害怕失敗」永遠是日本思維模式的一部分，但是我了解，「對於挑戰態度消極」的文化廣泛普及於現今的日本。

美國雖然今非昔比，但是仍然存在允許失敗的文化。在美國社會中，長久以來失敗都是正常的、並獲得理解與認同的。雖然最近也有產生變化，不過傳統上美國「對失敗寬容」，這點是人盡皆知的。

發掘投資機會的方法

投資時，會出現什麼樣的機會呢？

例如，當政府決定解決某個問題時，可能出現挹注高額資金的案例。以最終結果而言，意味著有人可以從中大賺一筆。這與政府是否正確或錯誤無關，由於政府會運用大筆資金，經手相關事業的企業就會獲利。

這就是重點。某人正打算大賺一筆。這麼說好了，假設政府說「將大規模推動植樹」，如此一來，會有各式各樣的企業如此盤算：「政府正打算植樹。為了這個計畫，會有很多預算。既然如此，我們來提供手上有樹的人資金吧。我們來買下正在植樹的公司吧。」

不論任何地方的政府在決定解決某個問題時，或許正在犯錯，很容易變成不是在解決問題，而是大灑幣。所以，不論誰都會為了大賺一筆蜂擁而至。

我關注的一點是，得知政府說「有這樣的問題。想要解決這個問題」的時候，然後，思考這筆錢會到誰的手裡，之後投資感覺會獲利的公司，企圖分一杯羹。

最近，ＥＳＧ（環境、社會、政府）投資成為話題，這與產業好不好無關。無疑的，將會有很多人從中大賺一筆。人們會說「實踐ＥＳＧ經營的企業很好」，但是不應該對他們的話照單全收。

要是不看清現實層面，胡亂投資自己喜歡或想要的東西，也很難成功。你必須做的是符合現實世界的投資，與本身想望無關。

例如，你期盼天空是藍色的。天空真的變藍，投資天空變藍也是很棒的一件事，但那卻不是世界的真實樣貌。

投資自己期望變成那樣、希望的事物，是很難的。所以，希望大家不要投資自己的願望。必須投資的不是希望，而是現實。那才是你的成功之道。

在全球不同國家中，日本是我最喜歡的國家之一。我雖然很喜歡日本，但是因為像債務、少子化等問題叢生，所以我現在沒有投資日本。當然，這不代表我日後不會投資日本，如果以後有機會也打算投資。但我不會因為喜歡日本，就投資日本，日本正在犯下可怕的過失，再怎麼喜歡也不會投資。當然，要是日本經濟在這次危機中崩潰，或許會出現新的投資機會吧。

培養出自己的投資風格

在投資的世界中，「聽天由命」「站在流行的那一邊吧」等金句廣為人知。相信這些話的人或許也很多，只要哪裡形成風潮，就會一股腦兒衝上去。

但是我就是不擅長這種「聽天由命」，也絕對不會這麼做。身為投資者，首先必須要知道的事情之一，就是發掘自己的風格。

投資方法多不勝數。例如前文已經提過，那位超過百歲、仍持續以投資者身分活躍在投資圈的羅伊・紐伯格，就是一位傑出的短線交易員。他的風格是在一小時、一天或數天短期間之內交易股票，藉此大賺一筆。但是，我並不擅長短線交易。

我在身為投資者的漫長職涯中學習到，發掘變得比較廉價的投資標的，然後持有數年，是最好的投資方式。不論任何人，都有必要發掘自身的投資風格。

賺錢的方法多不勝數。發掘屬於自己的獨到方法，持續追求到底會比較好。你如果是傑出的短線交易員，就應該徹底研究這個手法，將這條路走到極致。

偉大的事情都是從小事開始。那是成功的歷史。拿破崙曾是出生於法屬科西嘉島的嬌小士兵，後來卻成為法國史上最偉大的將軍。拿破崙就是一點一滴累積眾多小小的勝利，從中學習，最終才得以達成極大的成功。

不只投資，人生還有其他重要的事情。你如果在找工作，要找的不是付你最高薪水的公司，而是去找能給你最適合工作的公司比較好。金錢，在那之後自然就會隨之而來。如果身處給你適合工作的公司，以低薪展開職涯也沒問題。你如果夠優秀，上司或同事都會察覺，絕對會拔擢你。優良企業都希望擁有優秀人才。

你要發掘的並非財富，反而是財富會自動找上你。對於某項事物真正擅長的人很少，所以努力磨鍊本身能力，培養出他人沒有的專業性會比較好。

不論投資者或運動選手，任何職業都一樣。

這世界充斥著對各式各樣並不在行的人，不論是歌曲、文章、研究調查，都一樣。你如果真正擅長什麼，這個世界總有一天就會發現你。

十九世紀美國具代表性的詩人拉爾夫·愛默生（Ralph Waldo Emerson）過去曾這麼說：「要是有人發明出高性能的捕鼠器，全世界的人都會爭相搶購吧。」一兩百年前還不存在捕鼠器。之後，各式各樣的捕鼠器被發明出來。事實上，也有人發明出比以前性能更高的捕鼠器而致富。儘管如此，如今這世上還是很多人需要捕鼠器。

就如同愛默生所言，你如果能發明出擁有超高性能的捕鼠器，現在應該還是能致富。你如果能研發出優良的捕鼠器，財富就會自動找上你。儘管如此，我還是希望各位別犯下「為了短期利益而行動」的失敗。如果能從長遠視野來看，你就能獲得更多財富，而且有很高的可能性能達成巨大成功。

我會找出一條路，否則就另闢新徑

拉丁文中也有句話是這麼說的：「我要找出一條路，不然就另闢新徑。」據說，這是迦太基的英雄漢尼拔（Hannibal Barca）在攻打羅馬時，有人對他說「不可能靠著大象橫越阿爾卑斯」，於是他就這樣回答【編按：據說，這是羅馬時代的哲學家、劇作家塞內卡（Lucius Annaeus Seneca）作品中提及的話。十六世紀的英國哲學家、同時也是法學家的法蘭西斯．培根（Francis Bacon）將這句話當做自己的座右銘】。這是一句跨越不同時代深受眾人喜愛的格言。我確實也想將這句話送給自己的孩子。

美國的代表性投資家中，華倫．巴菲特（Warren Edward Buffett）是赫赫有名的人物。據傳他這麼說過：「我們能為這個世界做到最好的事情，就是賺進大筆財富，再將財富給出去。」

但是，我並不打算指導人們如何運用自己的錢。因為我認為，不應該告訴別人該如何運用自己的錢。

如果華倫想告訴人們該怎麼運用自己的錢，那麼他應該有他自己的考量。但是，我認為自己的錢要怎麼用是個人自由，不論任何人都不該多加置喙。那聽起來，感覺上就只是傲慢。

就算可能犯錯，將錢用在自己想做的事情上就好。要是你告訴別人手上的資金該如何運用，一旦失敗，人家或許會責怪你。

如果人們會犯錯，那就讓他們自己犯錯比較好。我的作法是，絕對不告訴他人自己賺來的錢該如何運用。

別借錢，向別人借或借別人都一樣

我並不是從來沒借過錢，但那僅止於房屋貸款。我除了貸款之外，從來沒有向別人借過大筆金錢。就算是我借的房屋貸款，因為每個月簽支票很麻煩，也已經提前還清。

有句著名格言是這麼說的：「別借錢，向別人借或借別人都一樣。」這是出自莎士比亞悲劇〈哈姆雷特〉的台詞。只要有金錢借出或借入，錢財與朋友都會一起失去。伸手借錢，就像在跟對方說自己沒有金錢管理能力一樣。

出現經濟上的依賴或被依賴關係，對人際關係都不好。所以，最萬無一失的作法就是不要借人家錢，或不要向別人借錢比較好。我不向人借錢，也不借錢給別人。說真的，我不知道這樣的作法好不好，但是到目前為止，這個原則在我的人生中執行得很順利。

這世上充斥著無法恰當因應金錢、無法恰當控制借貸的人。我知道很多人因為家裡某人沒有好好管理金錢，導致一家人四分五裂、婚姻失敗又或人生崩壞。

他們無法妥當的償還債務，那是很可悲的。我會教導孩子包含借款在內的金錢因應之道，為了讓孩子學習存錢，我在他們出生時就備妥了五個存錢筒。我希望孩子在運用金錢之前，先懂得節省。學習這一點真的很重要。期盼隨著孩子成長，開始賺錢後，他們能覺得「節儉的習慣救了我」。

孩子們拿到錢時，應該怎麼做呢？我都告訴女兒：「暫時先存下來比較好。」要是做不到，孩子平常總想著花錢，總有一天會發生問題吧。

所以，要緊的是首先教導他們「錢不是用來花的，節儉很重要」的基本概念。當然，孩子們將來可以運用這筆錢。只是，那應該僅限於他們已經確實理解自己在做什麼，也能掌控金錢運用時，再開始花錢。

不正確理財，人生會毀滅

我們都知道，無法正確理財的人，人生會毀滅。

只要充分理解金錢相關方面，就能掌握現在發生什麼事。傾聽政治人物或某人的話時，首先要先理解金錢相關方面會比較好。只要知道錢從哪裡來，然後花到哪裡去，就能更深入了解實際上發生了什麼事。光看電視或網路，是無法得知是誰收了多少錢、錢流到哪裡去。

我對於金錢的最佳建議就是：與其花錢，不如貫徹「重視節省」。當然，這意思不是說不要用錢，也完全不是說你不能擁有一百輛車。如果已經擁有購買一百輛車的充分儲蓄與收入，那完全沒問題。但是，一開始就讓金錢在自己的掌控中，能隨心所欲的去運用，才是不會出錯的。

我年輕時想賺錢，是因為想買到自由。我不想要船也不想要車，不像很多富人想擁有飛機或豪宅。我實際上並沒有坐擁超乎必要的多輛車子、多間房子。我想要買到自由，憑自己的心意過日子。就只是這樣而已。

我嚮往著自由，在實際賺到錢後，也得到了自由。自由的一部分也是冒險。我長期以來能在世界各地旅行。如今擁有了曾經嚮往的自由。

如今我能自由行動，能騎上摩托車在世界奔馳；也能在新加坡的家中坐椅子看窗外。我常常坐著眺望窗外，偶爾也會想要冒險。

富人變得不幸的理由

有很多人在成為富人後，都會以讓人感到遺憾的方式使用金錢。他們為了得到權力或名譽，會想花費超乎必要的金錢，獲取超乎必要的寶石。他們多數人並不幸福，而且往往陷入苦惱。

當然，如果你能夠掌控、充分理解金錢，那就沒問題。你自己愛怎麼樣就怎麼樣，無妨。但是希望你記住，金錢不只可以讓你功成名就，也可能讓你身敗名裂。金錢能讓許多人的人生化為烏有。

許多人為了追求金錢而變得愚蠢，還可能身敗名裂。更重要的是，只要擁有財富，被捲入恐怖事件的風險也會隨之增加。

根據美國《華爾街日報》報導，有位替俄羅斯政府工作的女間諜，曾試圖接近洛克斐勒家族（Rockefeller family）的子孫。要是告訴別人「自己是洛克斐勒家的人」，會發生什麼事呢？會有很多人向自己求財嗎？是懷抱什麼樣的企圖接近我的呢？各位別忘了，擁有財富就像這樣絕對不會只擁有好事，反而還可能讓人生毀於一旦。

為了賺錢而撒謊詐欺的人，幾乎下場不是去牢裡蹲，就是遭遇更糟糕的情況。每次一看報紙，整個版面滿滿都是詐欺或搶劫新聞，就連我現居的新加坡，報紙每天也都在刊登人們被捲入與金錢相關大麻煩的新聞。這一點，全世界一定都是一樣吧。每天應該都能從各國的報紙上，找到某人為了錢而遭遇問題的相關新聞。他們企圖用某種方法，賺取更多金錢。當然也有順利進行的例子，但是我確信，失敗的一定比成功的多。

不論任何人都擁有自己追求的、想要的東西。我知道有人坐擁六棟房子，那是他想要的東西。我沒有那麼多房子，比起東西，我更想要的是自由。不論任何人，都像這樣有自己的需求。一部分的人追求權力與地位，想要揮金如土。他們想要的超乎自己所擁有的財產，不惜借錢也勉強想去擁有，然而，人生卻可能因此毀於一旦。

別貪圖超乎自己財力的東西

我的想法很單純。不論任何人，都必須自己決定如何運用金錢。如果不想惹麻煩，就別試圖運用超乎本身財力的金錢，也不要借錢比較好。

曾經一度賺進大筆財富，後來卻失去所有，現在只能棲身破敗狗窩……我們都曾在一些地方看過類似的故事吧。這世上到處都是曾經富有的人。財產全部花光光、輕忽大意而失去一切的人，有多少啊？金錢其實是非常危險的。

幾乎沒有一個人是不想成為有錢人的。神父、修道士、僧侶等，或許一部分的人例外，但是在美國、印度或尼泊爾，也都有非常富裕的宗教家。居住在洞穴裡的佛教僧侶或許不會追求金錢，但是其中應該也有富有的佛教僧侶。

詩人或哲學家之中，大概有很多人不太在意金錢。即便如此，還是有詩人想要錢。大多數人，無疑都是一邊在乎著金錢，一邊過活。所以，幾乎對於所有人而言，「如何因應金錢」成為左右人生的要事。

全世界多數國家都有類似的格言，那就是「富不過三代」。意思是，第一代辛辛苦苦累積財富，第二代守護著財產生活，但是到了第三代卻恣意享樂，不認真工作，家道中落後失去所有財產。我以前一直以為這是美國或英國才有的格言，結果好像中國或日本也有。「富不過三代」這句話，頗實際的一語中的。

不論如何，以移民身分來到一個國家的人都會拚命工作，努力想讓自己還有家族豐衣足食。移民，是讓一個國家富有的力量。儘管如此，一度成功的家族想代代維持豐衣足食，並沒有那麼簡單。

即將出現經濟、政治、社會的複合性危機

如今，世界正出現嚴峻危機。那或許是冠狀病毒引爆的經濟危機，也有可能演變成涵蓋政治危機或社會不安的複合性問題。克服危機的方法雖然沒有那麼容易被發現，但有些事情是可以未雨綢繆的。別忘了，變化就是投資的機會。

我出生於第二次世界大戰中的一九四二年。歷經眾多危機，但是本次危機不僅就我個人生涯而言，相信在幾乎所有人的人生中，都會是最糟糕的一次吧。

本次危機之所以會越演越烈，是因為全球的債務水準非常高，許多國家的中央銀行都將利率訂為零。因此，有很多人在借錢。

如果景氣維持榮景，借錢不會造成任何影響。有很多人覺得，只要擁有自由運用的資金就沒問題。但是一旦出現危機，債務就會引發嚴重問題。

世界氣候在長達數千年的歲月中大幅改變。以科學立場調查冰山或樹木年輪等，就能了解到這一點。世界經常性的在改變。雖然不知道是不是真的，不過據說火星的氣候也會改變，其他各式各樣的行星上氣候也會改變。

所以隨時都必須思考難以想像的危機降臨的可能性，並為此未雨綢繆。

多面向的解讀世界比較好

我很喜歡歷史，平常也會閱讀各式各樣的不同書籍。問題是，光讀一本書是無法了解真實的。有時候，只要看看某國教導的歷史還有其他國家教導的歷史，就會發現這是兩個截然不同的故事版本。所以，必須運用和報紙一樣的判讀方法。我現在都會閱讀五個國家的五種報紙，藉由綜合分析全世界發生的事情來試圖掌握現實。

這麼做為什麼重要呢？例如，美國的歷史課是這麼教的：一九四一年十二月，窮兇惡極的日本人毫無原因的突襲夏威夷，殺害很多人。美國高喊著「勿忘珍珠港」，決定對日本發動反擊。但是，光學習美國教授的歷史，無法了解事實吧。因為你只會知道，日本人是邪惡、恐怖又瘋狂的人，殺了很多美國人。

相反的，日本人則稱呼美國人或英國人「鬼畜英美」，視為眼中釘、肉中刺。據說戰時教育教的是「美國人是惡魔」。就像我先前說過的：「戰爭的頭號犧牲者是真相。」這句話是非常正確的。只要一開戰，政治人物都會宣傳對本國有利的那一面，事實會被掩蓋。

我初次造訪中國時也是這樣。我在美國長期都只接觸「中國是恐怖國家」的資訊，所以怕得要死。之前所受到的教育，都覺得這是個充斥邪惡嗜血共產主義分子的國家，當飛機在北京著陸時，我還認真的在擔憂「飛機會不會被射下來啊」。但是實際造訪當地，才發現那是個沒有戰爭的和平國家。

如今這世上，有大半的人都已經不記得戰爭。甚至連當上首相這樣高位的政治人物，都不知道什麼是真正的戰爭。這是非常危險的。

實際經歷過第二次世界大戰的人，幾乎都已經死了。我出生於一九四二年，當時雖然還在戰時，但因為太年幼已經沒有記憶了。戰爭結束時，我三歲。假設你如今八十多歲，戰時還是個孩子，恐怕也不太記得第二次世界大戰的事了。

雖然前面已經一再重複，但是不論任何人，只要一開戰就會愛上戰爭。所有人都興奮不已，深愛戰爭。「讓我們在戰爭中獲勝吧」「讓我們除掉惡敵吧」「對方都是很恐怖的人，本來就該死」，政府會這麼教育民眾。不論在任何國家，很多人都會開始高聲呼籲「讓敵方知道我們的厲害」。「戰爭六個月內就會結束，大家沒必要擔心。我們擁有偉大的士兵，也有民眾的支援，戰爭一眨眼就會結束。」政治人物也會這麼說。綜觀歷史，全世界各個國家過去都曾發生類似的情況。

不論任何人，只要一開戰就會愛上戰爭。但是，去一趟廣島，就會了解戰爭不是好事。

不應該只依賴單一資訊來源

重要的是，不要只靠單一資訊來源去解讀歷史。尋找其他資訊來源，同時了解另一方的看法，你就能知道事實上到底發生了什麼事。

我除了美國《華爾街日報》或英國《金融時報》，也會閱讀其他國家報紙。例如，日本《經濟新聞》的英文版（《日經週刊》，現《Nikkei Asian Review》）。我從一九七〇年代起就長期閱讀《日經週刊》，我很重視他們擁有的多元角度觀點。

大家都應該隨時謹記「歷史是由勝利者寫出來的」這個道理。這些內容會以歷史的形式教給人們。在美國長大的我，從小被教導「某一天，邪惡的日本人來了，殺掉無辜的美國人，在街上大肆破壞」。我們週日正在看棒球賽時，邪惡的日本人就突然空襲夏威夷，擊沈戰艦……諸如此類的故事。但是，我反而想站在這些被視為理所當然的歷史的對立面來看看。

不同國家存在不同版本的歷史。所謂的「單一歷史」本來就不存在，先理解這一點會比較好。

儘管這世上的所有一切都在變化，但是仍然有不能改變、非常重要的原則。

你應該為人正直。這也意味著，這世上不正直的人多不勝數。但是，會做出不正直的事情的人，有時看起來很聰明，也有些情況能賺進大筆財富。他們如果將相同的腦袋與精力用在誠實的方法上，或許能賺進更多財富。儘管如此，他們也只會去享受暫時的成功與幸福，這將來是有可能會坐牢的。

我說的並不是去做什麼銀行強盜，而是許許多多為了賺錢去詐欺，又或做出不正當行為、擁有小聰明的人。不好好運用自己的頭腦與精力，以正直的方法賺錢，會怎麼樣呢？不論有沒有被抓到，總有一天一切都會突然行不通的。所以，我們必須為人正直。

你如果向某人保證過要做什麼，就應該實踐。人生在世，獲得他人的信任與信賴很重要，這一點是不會改變的。

讓孩子學習如何運用金錢

想要不經歷失敗就成為有錢人，這是很困難的。當然，也有人可能繼承父母的財產吧，但是繼承大筆財富的人，往往不了解自己在做什麼，對於金錢也很無知，所以有很高的可能性會失去資產。

在孩子還小時，別給他們大筆金錢比較好。我給孩子錢時總是很謹慎小心。因為我希望她們自己學習人生，了解世界如何運作。

我知道有位女性，在二十一歲時繼承大筆財富。她起初說過「自己不會亂花錢」，但是三個月後，她像發瘋似的揮金如土，最後花光所有，變得身無分文。

很多人不了解金錢。因為要和金錢交手並不簡單，而且還很複雜，所以好多人將好不容易擁有的金錢化為烏有。

我在長女十四歲時，就告訴她以後必須就業。因為我希望她自己去學習關於金錢與工作。另外也教她，只要與他人約好，就必須準時赴約。

即便如此，還是有很多人堅決不學關於金錢的事，這樣的人無法成功。我希望自己的孩子能學習金錢相關的常識。我女兒雖然還小沒必要工作，有天卻突然說：「我找到好工作了。」

我本以為她是在麥當勞打工，結果不是。原來是因為女兒上新加坡的學校，中文很流暢，所以教起了中文。

她現在一小時賺三十美元（約台幣九百元），比我聰明多了吧。雖然聽起來我或許就像是個寵愛孩子的笨老爹，但是我的兩個孩子好像都比我聰明得多。我希望她們都能這麼保持下去。

在一生中，失敗是很重要的事

身為有兩個孩子的父親，我從中學習很多。當然，這不是說我對於投資的態度因為有了家庭而產生改變。

話雖如此，這樣的身分無疑讓我注意到不同的面向，像是孩子比我更熟知智慧型手機。女兒教我認識一個以前全然未知的新世界。

如果沒有孩子，我不可能會注意到韓國流行音樂（K-pop）吧。要是不知道，就無法進入那個世界並且投資。

我現在並沒有投資韓國流行音樂，只是孩子教我接觸這一塊，讓我注意到各式各樣不同的事。我還知道不僅韓國音樂，韓國連續劇也很受歡迎。現在比以前更全面的了解韓國。

當自己開始接觸一個未知的世界後，也更能了解韓國及當地現在發生的事情了。這也讓我發現另一個看待世界的不同觀點。

在目前這個時間點，如果問我那與我的投資有沒有直接關係，我的回答是

「ＮＯ」。但是，我所知的世界的確因此更為拓展。

為人父母，沒有人會希望自己的孩子失敗。但是，失敗在人生中是非常重要的。我在孩子挫折時，都會對她們說「不用擔心」。我在孩子失敗時，會盡其所能的鼓勵她們。失敗能教會我們很多事。我的孩子生長在幸福的環境，正在構築精彩的人生。她們雖然都還是孩子，卻已經達成巨大的成功。她們雖然歷經數次失敗，但因為實在太早就連續得到好幾次成功，讓我反而擔心起來。

兩個女兒與我在一起的時光只剩下短短數年。當她們上大學時，就會離開我身邊吧。一旦彼此住得遠了，我對她們的影響力就會消失。

這就是世界運作的機制。所以趁她們還在這裡，我打算竭盡所能去做我能做的。雖然她們都還只有十幾歲，一眨眼就會長大成人了。只要一長大，孩子就不會再聽我的話了吧。所以我會趁現在告訴她們我認為重要的事情，與她們一起享受各種事情。一起到世界各地去旅行，當我到中國或韓國演講時，也會帶著她們一起去。

「這樣好棒喔！」很多人這麼說。我想，這種本性源自於我的父母，我父母也會投注大量精力與我相處。他們會引導我用自己的腦袋思考別人所說的到底是不是真的。

當時還年輕的父母就像我現在所做的事一樣，熱情的與孩子交談。很努力的想向孩子傳達自己的想法，還有希望孩子知道的事。

我的長女很快五年後就要滿二十一歲了，這真是一眨眼的事情。所以在那之前，我打算盡我所能去做我能做的。

幸運是留給做好準備的人

我非常忙碌，行事曆老是塞得滿滿的。別人看到我的行事曆時，總會感到震驚。很少人七十多歲還過著這種生活吧？像是一個月之內，往返美國與新加坡兩趟。但是，這就是我的人生。

我已經沒有必要再去做些什麼，我可以悠閒輕鬆度日。沒必要跑到韓國，也沒必要跑到莫斯科去。即便如此，我還是想這麼做。因為，這麼做很開心。

我做過很多事。一路走來，做的都是自己想做的事。只要想到自己會思考些什麼、想去實踐些什麼，為此會希望自己擁有足夠的智慧。

雖然或許會失敗，但是至少我能做到挑戰看看。與其到了一百歲，某天早上醒來說「我在人生中都沒挑戰過」，還不如什麼都嘗試過然後失敗。

維持長期成功最重要的事

想維持長期的成功，最重要的事是什麼呢？這世界上有很多人想要成功。你做的功課越多，幸運就會隨之增加；你只要越深入研究，就會變得越幸運。越是做足準備，運氣就會變得越好。幸運，會降臨到準備萬全的人頭上。

我能斷言，如果你對一件事已經充分調查完畢，能理解現在正在發生什麼，那就應該能夠抓住幸運。如果你是將軍，確實知道自己現在在做什麼，那麼戰勝他國軍隊的可能性就會很高。

這世上的確有所謂的運氣，但是發生狀況時你已經做好了準備，你也了解該做些什麼，那麼就能抓住幸運。

就算發生大地震，海嘯來襲，而你充分了解發生這些災害的可能性，預先做準備，那麼你獲救的機率就會很高。如果有事先做好準備，毫無疑問的幸運兒不會是什麼都沒做的人，而是你。

第5章

我的生存之道

Jim Rogers
The Age of Crisis

在美國鄉下長大學到的事

我在阿拉巴馬州鄉下的一個小鎮長大，在學成績很好——這應該要歸功於我父母。不過，周遭都沒有像我這樣的學生。當年我就讀的，是一個學年只有四十個學生的小型學校。就因為我讀的是這種鄉下學校，所以成績在班上總能名列前茅。我的孩子在新加坡讀書，全校學生動輒數千人，她們恐怕很難想像整個學年只有四十個孩子的學校會是什麼光景吧。

雖然當年我在班上功課最好，但這實在是沒什麼好驕傲的，因為大多數同學對讀書根本就一竅不通。我雖然是學校裡的風雲人物，但其實並不優秀，因為學校幾乎毫無競爭力可言。

我住的那個小鎮非常偏僻，附近既沒有大城市，也沒有人口稠密的區域。但我們兄弟從父母身上學到很多事。現在回想起來，其實我父母非常重視工作倫理。我有四個兄弟，大家都是工作狂，我們這種積極投入工作，絕不輕言放棄的個性，想必都是拜父母所賜。

我從五歲就開始工作——這在今天是不可能發生的事，所以各位聽起來或許會覺得很詭異，但是千真萬確。當年，週末會舉辦棒球比賽，而球場上總會有位小姐兜售可口可樂。球迷喝完可樂之後，就隨手把空瓶一丟，這些空瓶原本是銷售小姐得負責收拾，但當時五歲的我，就懂得幫忙把空瓶整理好交給她，藉此賺一筆小錢。若今時今日，她這麼做恐怕會被抓，但在當時是完全合法的。

面對五歲的我，她每場比賽都願意付給我勞務對價，收購我撿來的空瓶。隔年，我自立門戶，開始賣起了可口可樂和花生米。我還雇用了四歲的弟弟，要他一起來工作。

五歲時的我是個員工；六歲時，我雇用弟弟，搖身變成老闆。就這樣，我年僅六歲就創業，因為這只是個小鎮，所以沒有什麼特別的問題。對我而言，這是一個相當寶貴的機會——我第一次體會到什麼叫「做生意」。

我只依稀記得當年那個賣可口可樂的小姐對五歲的我說：「小朋友，你願不願意來這裡幫我？」詳細原委已經沒什麼印象。當年我才五歲，碰到不開心的事想必一定是哭著跑掉，但那位小姐還是肯定我的工作表現，付了工錢給我。她算找到了一個蠻優秀的員工——我就在觀眾席附近走來走去，撿拾空瓶，所幸找空瓶並不是太辛苦的工作。

隔年，我決定炒一些花生，一包包裝袋拿到球場去，搭配可口可樂一起賣。我向父親借了錢，還買了一台炒花生的機器——因為炒過的花生更可口、更暢銷。這一連串的準備工作全都由我獨力完成。

我的花生賣得很好。後來我這門生意還持續了五年，順利把買機器所花的那一百美金全都還給了爸爸。不僅如此，我還額外賺了一百美金的收入。

對我而言，當年學校的課業都好應付，所以有很充裕的時間可以去賣花生。到了高中，我甚至還兼了至少三份工讀。

上課時，如果該學的內容都已經學完，我就會把下一個科目的功課也拿出來寫完。這絕不是因為我天資聰穎，而是因為我在一個非常貧窮的小鎮長大，所以和其他同學相比，學業表現相對出色罷了。

讀書對我來說並不費力，打工也讓我賺了一小筆錢。我在學校能成為風雲人物，也只不過是因為沒有其他合適人選而已。所以，每當我說自己當年稱霸全校時，絕對沒有炫耀的意味。

競爭越少，成功機率越高

這樣的經驗讓我學到了一件事：不論是讀書求學或做生意，只要競爭趨近於零，就很有機會成功。我在篩選投資標的時，最先檢視的指標之一就是企業的競爭狀況——競爭越少，事業成功的機率就越高。

我從小就開始工作，所以很早就學會許多金錢觀念，例如小學時就懂得要節儉等。我不只想成功，更想累積財富。不過，回首我這一生，會發現我想要的其實並不是用來滿足物質欲望的財富，而是想買一些自由。我想隨心所欲的做一些我想做的事。我既不想買車，也不想買船，對於交女朋友也興趣缺缺。相形之下，我更想買個房子，讓自己有個地方，能隨心所欲的做自己想做的事。

我從小就非常喜歡閱讀。學生時期，我幾乎讀遍了學校所有的藏書——反正沒什麼別的事好做。

住在一個學年只有四十名學生的小鎮，當然很難了解這個世界。

高中時，我最喜歡的作家是查爾斯·狄更斯（Charles Dickens），還讀遍學校圖書館裡每一本狄更斯的書。他許多作品都是以社會底層的人物為主角，並從弱勢的觀點出發描述情節。例如描寫孤兒奧立佛歷經千辛萬苦，最後功成名就的《孤雛淚》（*Oliver Twist*）；還有堪稱自傳體小說的《塊肉餘生記》（*David Copperfield*），則是描寫一位童年時飽嚐辛苦的少年，最後成為大作家的故事；甚至是以倫敦和巴黎為背景所創作的歷史小說《雙城記》（*A Tale of Two Cities*）等，都是令人難忘的作品。

其中，我印象最深刻的，就是《匹克威克外傳》（*The Pickwick Papers*）這部小說，內容講述主角匹克威克遠離倫敦到各地去旅行，途中被捲入糾紛的故事。或許就是因為讀了這本書，才開啟了我愛上旅遊的契機吧。

我小時候電視上只有三個頻道。我家雖然有電視，但沒什麼機會看；我家雖然也有訂報，但訂的既不是紐約時報，也不是華爾街日報，而是阿拉巴馬的在地報紙。

提到華爾街日報，我想起一段趣事。一九七四年，當時我三十二歲。有一天，我打了一通電話給媽媽，說：「想請妳去買明天發行的華爾街日報。」因為那天會在頭版刊出我的報導，還有我的照片。

當年在阿拉巴馬州，華爾街日報都會晚一天上架。我媽買了報紙之後，便打了一通電話給我。我問她：「頭版有我的照片，看起來怎麼樣？」我媽說：「這份報紙還真沒什麼值得一讀的內容呢！」我對她說：「華爾街日報是全美發行量最大的報紙耶。」她遲疑了一下，才回答：「我們鎮上幾乎沒人看欸！」我就是在這樣的鎮上長大。

「想看看世界」的強烈渴望

十多歲時，我心中懷抱著一股「想看看這個世界」的強烈渴望，迄今我都還記憶猶新。我在一個很狹隘的環境長大，身旁的人長大後都不肯離開家鄉。然而，儘管我不認識任何小鎮居民以外的人，但到了十六歲時，我竟莫名有了「想看看這個世界」的夢想。

於是，我明白自己還有其他想親眼目睹的世界，也知道這個夢想需要相當的財力做後盾，所以我無時不刻都在打工，拚命的工作賺錢。然後再憑著些許偶然的機緣，成功擠進知名大學的窄門。其實我一直覺得，自己的能力應該不只如此。

雖然我得以拿獎學金進入耶魯大學就讀，但這簡直就是個意外。畢竟在我住的那個鎮上，根本沒人想過要去讀普林斯頓大學，更沒人聽過、看過誰去讀了耶魯大學。

我考上耶魯大學時的往事，至今仍記憶猶新——我一回到鎮上，大家就紛紛跑來問我：「你要去讀哪一所學校啊？」於是我也不諱言的回答：「我要讀耶魯。」這個答案對當地人來說，是非常震撼的消息，根本沒人想過會有這個選項。

我的運氣很好，成功拿到了獎學金。我又向當時隸屬於家鄉的社團組織申請獎學金，也雀屏中選。在我之前，我們鎮上根本沒人報考過普林斯頓、哈佛或耶魯。這份獎學金只有我去申請，當然順利獲獎。耶魯喜歡從「平常不會有學生來報考」的區域挑學生，我想就是因為這樣，我才會幸運的拿到獎學金。

入學前，我到耶魯的招生辦公室去，問他們「為什麼會錄取我」。辦公室的人看了看我的資料，說：「你每個科目的成績都很出色，在當地學校是百位學生當中的第一名。」這就是耶魯錄取我的理由——我讀的明明是全校只有四十個學生的學校，聽起來實在不太對勁。

我猜想應該是搞錯了什麼，心裡很焦慮。我怕要是校方打通電話，事情可能就不妙了。當時的我，簡直到了想大喊：「神啊！我到底該怎麼辦？」的地步。

我已經把「要去讀耶魯」的消息告訴鎮上的親朋好友，所以才會這麼苦惱。不過，我已經沒有「放棄升學回家去」的選項。儘管我還是不知道自己考上耶魯的真正原因，但總之後來還是平安的展開了我的大學生活。

堅忍不拔的苦讀很重要

名門耶魯匯集了來自全美最頂尖的優秀學生，和鄉下小鎮截然不同。但我並沒有因此而自暴自棄。我傾全力的用功，總算拿到好成績。

其實除了耶魯之外，當年我還申請了另一所大學，也拿到了入學許可，甚至還匯了五十塊美金的註冊費。在準備報考這所大學時，我們把耶魯的事忘得一乾二淨。但後來耶魯通知我錄取，還發給我獎學金。

我父親就沒那麼走運了，因為他無法拿回我付給另一所大學的五十塊美金。對我家來說，當年五十塊美金是一筆很可觀的大錢。不過我父母受過一定程度的教育，所以知道耶魯大學的地位。我考上耶魯這件事確實讓父母引以為傲，但也讓他們感到很錯愕。在我的家鄉，當年很多人根本無法理解「考上耶魯」代表什麼涵義，因為他們連耶魯大學都沒聽過。鎮上沒人明白我究竟去了哪裡，做了什麼。畢竟我的家鄉遠在數百公里外，沒人讀過耶魯，所以街坊鄰居間才會引起騷動。

我上了耶魯大學之後，一邊忍耐、一邊不屈不撓的學習。這個經驗大大改變了我的人生。因為十七歲時進了耶魯，現在的我才能住在新加坡。

去越遠的地方，學到的越多

當年我讀耶魯時，很多同學來自富裕的家庭。他們都在優渥的環境下長大，甚至畢業於知名寄宿學校的也大有人在。他們見多識廣，去過紐約，也去過羅馬等國外旅遊，見識過這個世界。他們所受的教育比我好上千百倍。

但回到家鄉，我絕不能說「我在耶魯吊車尾」，因為吊車尾實在是奇恥大辱，我只好咬著牙繼續努力。

然而，我和大多數同學的成長環境不同，已是不爭的事實。所以我總是和其他人的看法不同，這也帶來一些獨特的創意。

這時我才發現：原來「離鄉背井」這件事，正是最好的教育。這也是後來我會想到牛津留學的一大主因。當年我的確想到國外的大學看看，但準備得並不夠周全，原本說不定連報考牛津的資格都沒有。不過，人生總是充滿了意外，而且有時還是美好的意外。

耶魯大學畢業後，我選擇負笈英國，進入牛津大學深造。因為讀了耶魯，讓我深刻的體會到：受教育最大的優點，就是能讓人走到更遠的地方去。

我曾對孩子們說過：「看你們喜歡什麼地方，就去讀那裡的大學。」要讀大學，就要儘量跑遠一點——我一直到進入牛津之前，才明白這個道理。當年我覺得自己要是能出國，一定有很多事情可以變得更好。一方面也想藉由升學，避免被徵召去打越戰。

讓我決定旅英的關鍵原因，是因為我當年在耶魯參加過划船社。在划船的世界裡，牛津和劍橋兩校的校際划船大賽頗負盛名。我想進牛津大學，去參加這場校際划船大賽。於是我決定再到牛津大學深造。但後來我才知道，有志參加划船大賽的年輕同學人才濟濟，競爭相當激烈。

看到這麼多同學擠破頭想爭取參加牛津、劍橋校際划船大賽的機會，我心想：「唉，我實在太天真了。」但幸好後來我如願獲選為參賽選手，不但參加兩校的校際划船大賽，更獲得優勝。它是我人生中很美好的一段經驗，更是一大成功。

就這樣，我在耶魯和牛津過得很精彩，學業方面也表現不俗，可以說是贏得了一段無與倫比的人生經驗。

我在牛津學到的事

大學時，我愛上了歷史——在耶魯上過史學課程之後，我對這門課非常著迷，後來索性選擇主修歷史。

不過，耶魯也讓我發現自己對工程方面實在不擅長，也沒興趣深入探討。我的外語能力不強，但很喜歡歷史，迄今仍對它一往情深。換句話說，我在十八、九歲時，就遇見自己衷心喜愛的事物。直到現在，我還經常讀歷史故事給我的孩子們聽。

後來，我選擇攻讀牛津大學的哲學、政治與經濟學位（哲學、政治學及經濟學，簡稱ＰＰＥ）。儘管當年哲學並非我的強項，如今回想起來卻對我的人生非常有幫助。

現在我雖然擁有哲學的榮譽博士學位，不過當年我的腦筋實在不怎麼好，必須非常用功才行。而我一心想成功，所以孜孜矻矻的苦讀。我至今還記得當年頒授學位時的光景。牛津大學的學位授予分為三個等級，而我是當中的第二級。

牛津、劍橋校際划船大賽有近兩百年的傳統，每年都吸引二十五萬人聚集到泰晤士河畔觀賽，堪稱是全國性的盛事。一艘艘參賽的船艇都是「藍船」，眾所皆知。

當年負責頒授學位的教授，早有耳聞我是藍船的槳手。要成為槳手，需要在划船上投注大量的時間，因此大多數選手都要花三年完成學業。我讀的是兩年制學位，所以教授知道我獲選為槳手，而且其實花的時間比別人短。他大概以為我是個滿腦子划船的傻瓜，不知道我肚子裡其實還有一點墨水。後來我以第二級成績畢業，讓教授大感詫異。

到華爾街上班的理由

我能到華爾街上班，其實是在耶魯時代種下的契機。當年，我打算大學畢業之後，再到法學院（law school）、商學院（business school）或醫學院（medical school）進修，但尚未決定下一步該怎麼走。

有一天，企業到校園裡來設攤面試，招募新血。面試官是來自華爾街的金融從業人員，我卻對華爾街一無所知。沒想到，主考官對我情有獨鍾，主動找上我，說：「暑假要不要來當實習生？」

當時我對華爾街的了解就只有「位在紐約」，再來就是只聽過一九二九年曾發生過一些不好的事，僅此而已。不過，最後我還是決定到去闖闖。去牛津深造之後，我原本打算再到法學院進修，但在實習的過程中我愛上了華爾街，所以打消進法學院的念頭。

從牛津大學畢業時，我已經在華爾街實習過兩個暑假，很喜歡那裡的環境，所以一心只想早日投入金融圈——因為華爾街實在是太好玩了。

在進入華爾街實習之前，我根本不知道股票和債券有何不同，還以為它們都是同樣的東西。為了到華爾街上班，我特地採購新西裝，從此一頭栽進金融的世界。儘管當年我對金融一無所知，但在金融圈上班有很多新發現，是很美妙的人生經驗。因為在這裡，我只要查查世界上究竟發生了什麼事，就會有人付我錢。

現在回頭想想，讓我燃起熱情和興趣的對象，其實是這個世界。而讓我知道現在世界發生了什麼事，還願意付薪水給我的地方，就是華爾街。

我打從心裡覺得這真是一份夢幻工作。一開始，我在華爾街做的是很簡單的調查業務。我從來不知道，動手查一查我最喜歡的世界，了解到底發生了什麼大事，竟然還可以賺錢。

智利有什麼新商機？在日本要如何創造財富？雖然當時碰到的都是我不懂的事。不過，我逐一認真調查，從中找出「錢」途有望的投資標的。

創立量子基金

這段時期，我結識了喬治・索羅斯（George Soros）。當時我在找工作，透過朋友介紹和他搭上線；他則是在尋覓年輕的分析師，對我的能力和人品相當肯定，便決定錄用我。

他提供的職場，就工作而言是個很吸引人的地方，實際上工作起來也很愉快，簡直是我想要的夢幻職業。它帶給我很多的快樂期待，也讓我嘗到幾次成功的經驗。後來，我和索羅斯共同創辦的量子基金，在十年內創造出四二〇〇%的驚人獲利。量子基金卓越的收益表現，也讓我的手頭跟著寬裕了起來。

不過，當時我一直想要體驗多樣人生，不願被任何一件事綁住。在鄉下小鎮長大，會有一種「不想一直待在這裡，想看看更遼闊的世界」的心態。我一直衷心期盼自己的人生能有許多不同的體驗，不願到了五十年後，還同樣坐在電腦前，盯著螢幕上那些投資操盤用的資訊。

所以我選擇在一九八〇年，也就是我三十七歲時退休，以追求更多不同的刺激冒險。我騎機車遊歷全球各地，走訪歐洲、非洲和中國等地，與當地人互動，觀察他們的生活，學到很多東西。詳情各位可參閱《投資騎士》一書。

比起經營學，歷史或哲學對人生更有用

真正對投資操盤有幫助的，不是在商學院學到的那些知識，而是歷史和哲學。

我在華爾街上班的那段時間，最著重的，是去了解這個世界究竟如何運作。歷史教會我「無常才是常態」的道理。只要看懂英國的盛衰榮枯、同盟國與德國開戰等現象，與當時世界究竟如何運作，就能從中找到一些啟示，引導我們採取

正確的行動。

現在要學什麼，以後才能派上用場？這件事沒人知道。當年我在耶魯學歷史時，根本沒想過自己後來會到華爾街，創造出龐大的身家財產，甚至對華爾街根本一無所知。同樣的，在進入牛津之初，我對哲學根本興趣缺缺，只不過是因為它出現在課表上，所以我非學不可。

我原本只想學政治和經濟，讀哲學只是義務，並非出於自願。可是學習哲學卻對我日後的人生非常有益。

儘管我在當下並沒有察覺，但歷史和哲學的學習對後續的人生意義非凡。現在回頭想想，其實它們都很實用，也都很有幫助。

各位或許會問：「為什麼哲學會對縱橫商場有幫助？」我記得當年讀哲學時，有人問了一個很奇妙的問題：「為什麼你知道太陽會從東邊升起？」大家都知道太陽會從東邊升起，是一件想當然爾的事。聽到這個問題的當下，我只覺得「問這什麼笨問題」。

然而，我錯了。深思、理解事物的源流與本質，進而明白箇中原因，其實至關重要，但很多人都不懂。

光讀哲學當然還不夠。在人生旅程中，我們還要不斷思索自我和世界——而在我們思考這些生活態度時，哲學其實是一門方便好用的學問。

我曾以為哲學家是虛度光陰的傻瓜，這種想法實在是大錯特錯。世上恐怕沒有什麼事情，會比「思考事物的本質」來得更重要。

人生中最大的危機

我人生當中最大的危機是什麼呢？我走上「專業投資客」這條路後，很快的就重摔一跤，失去一切。我不知道這算不算是危機，至少當時的我是真的身無分文。

雖然那次的損失規模尚不及一億美金（約三十億台幣），但對當時的我來說，是一個相當沉重的打擊。它是個很不堪回首的經驗，讓我失去了一切。我曾橫掃投資市場，成功的大豐收，短短五個月之內就讓資產暴增三倍。當時，我身邊有很多人因破產失去一切，甚至走上絕路，企業更是接連關門收攤。在這樣的世道景況下，我還讓資產暴增了三倍。

然而，兩個月之後，換我失去了一切。從這段谷底人生的經驗當中，我學到很多，並且重新站起來。在此之前，我覺得自己聰明機靈，但這件事讓我清楚體認到自己「腦袋一點都不靈光」的殘酷現實。

這段經歷對我的人生很有幫助。我學到許多寶貴的教訓，知道下次面對危機時該怎麼辦，也就是學會了如何克服危機、險中求生，以及如何剋敵致勝。

我們都必須學會忍耐。它是我想告訴孩子的事情中，最重要的一句話。忍耐、不屈——如果各位真的想成功，就要持續向前邁進，絕不輕言放棄。

第6章

世界將何去何從？

Jim Rogers

The Age of Crisis

全球局勢渾沌不明

全球都因危機而惶惶不安，未來我們將何去何從？美國總統選戰在即、景氣急凍的中國、英國退出後的歐盟等，近期的世界局勢當中，有許多值得我們關注的重點。

在冠狀病毒疫情肆虐、引發全球恐慌之前，美國人普遍認為推演「發生超越金融海嘯級的危機」這種劇本已不切實際。畢竟，美國為了支撐景氣，已實施大幅減稅的措施；而角色相當於美國央行的聯準會，也不斷的在大印鈔票。

這些政策上路之後，除了讓美國股市持續走高之外，也讓美國政府背負前所未有的鉅額財政赤字。動用這麼多錢，總有一天要有人出來清償。這場紙醉金迷的資金派對，總有曲終人散的一天，就算沒有疫情攪局，美國經濟早已瀕臨崩盤的邊緣。

那麼，二〇二〇年十一月的美國總統大選，究竟會如何發展呢？從歷史上來看，雖然的確有過現任總統連任失敗的案例，但畢竟是相當罕見的少數。現任總統想勝選，有很多資金籌碼可以運用，立場較占上風。

就資金面來看，在野黨多半居於劣勢。因此，大選結果通常都是由現任總統順利贏得連任。既然絕大多數的總統都連任成功，一般也認為川普在近期大選勝出的機率相當高。

然而，不切實際的經濟危機成真，使得選情出現變化。川普的危機處理表現欠佳，要是經濟受創，對現任總統的選情當然不利。目前我仍看好川普有機會勝選，但若選前經濟持續惡化，中箭落馬也不無可能。

脫歐讓英國吃盡苦頭

焦點再轉向歐洲。

決定脫歐（Brexit）的英國，今後又將何去何從？我再三強調，對全世界開放，才是促進國家繁榮興盛的關鍵。如果我是英國國民，應該會對脫歐投下反對票吧。觀察目前歐洲的情勢，可以發現歐盟本身的問題確實盤根錯節，但歐元是很好用的貨幣，自由貿易區對經濟發展也很有利。

不過，位於比利時布魯塞爾的歐盟總部卻大有問題——總部由一群各自為政的烏合之眾組成，官僚主義當道，資訊封閉，簡直就是一場惡夢。

歐盟官員至今仍只顧著討論如何處理規章問題。要是英國能就布魯塞爾的歐盟總部解體與否進行投票的話，對英國而言絕對是美事一樁，對歐洲來說更是一大福音。

儘管如此，納入自由貿易區畢竟是好事，英國還是應該留在歐盟。若後續歐盟會員國要求脫歐的聲浪日漸高漲，想必一定是因為他們開始認知到，歐盟總部的官僚作風這才是問題所在吧。布魯塞爾的歐盟總部的確該改革、該精簡。

自由貿易區固然立意良善，但歐盟還有「官僚主義」的問題待解。不知該說是幸或不幸，總之英國已決定脫歐，但我依舊不認為脫歐對他們而言會是一件好事。

國家瓦解的可能性

脫歐可能導致英國解體。在二〇一六年的脫歐公投當中，蘇格蘭支持留歐的票數高出脫歐派。蘇格蘭有很多民眾希望能脫離英國獨立，蘇格蘭北方有北海油田，被獨立派視為政府未來的主要財源。另一方面，英格蘭要在沒有石油資源的情況下生存難度相當高。

再者，北愛爾蘭同樣是在脫歐公投中支持留歐選民多於脫歐派的一區。北愛爾蘭與其南方的愛爾蘭，目前分屬兩個不同的國家，但這兩個國家都是歐盟會員國，因此人流、物流的往來都很暢通。英國一旦脫歐，可能會衍生許多問題，因此北愛爾蘭可能選擇脫離英國，投入愛爾蘭的懷抱。

早期北愛爾蘭的居民有天主教徒和新教徒，彼此互相仇視。如今已是二〇二〇年，情況和雙方激烈衝突、對立的時代已大不相同。相較於以往，阻礙兩者統一的因素已很有限。

更嚴重的問題，是當英國脫歐之後，歐洲大陸的民眾恐怕不會再以倫敦為據點從事各項商業活動。想必有更多人認為，「既然英國都退出歐盟了，不如改以法蘭克福、阿姆斯特丹、巴黎等城市為商務據點」。如此一來，英國勢必走向沒落。如果蘇格蘭再把石油資源搶走，那英國究竟還剩下什麼呢？

當然英國名產——炸魚薯條仍會繼續流傳下去，但它對經濟毫無幫助。翻開歷史，我們可以發現目前這些英國屬地不同屬於一國的時間很長。英格蘭、蘇格蘭、威爾斯和北愛爾蘭，在歷史上本來就是不同的國家。大不列顛暨愛爾蘭聯合王國出現，成為我們所熟知的「英國」，其實只是十九世紀初的事。如果蘇格蘭脫離英國獨立，想必北愛爾蘭一定會想成為愛爾蘭的一部分。

捷克斯洛伐克分裂成捷克與斯洛伐克之後，對兩國有任何益處嗎？當年南斯拉夫發生了什麼事？內戰頻仍，民眾自相殘殺，國土荒蕪，在國際上的存在感更是日益低落。

住在英國的新教徒和天主教徒，固然已不會再上演自相殘殺之類的情節，但國家一旦分裂，對經濟發展絕對是百害而無一利。

衣索比亞境內住著許多不同的民族，聯邦制度的發展不如預期，導致各民族彼此仇視。蘇聯也因政權垮台而解體，新成立的國家彼此對立。例如俄羅斯除了侵略喬治亞，也與烏克蘭對立，引爆雙方衝突。

脫歐成功後，英國的政治人物因為「終於成功啦！」而歡天喜地。但不幸的是，他們對某些人大感憤怒——那就是歐盟。英國國民既批判布魯塞爾，也批判國內的政治人物，且為求自救，把票投給了某些人。

會有更多國家選擇脫歐

歐陸各國的政治人物想選擇和英國走上同一條路的，應該也不在少數——因為英國真的脫歐成功了。義大利、法國、西班牙等國，很多政治人物都在高喊「脫歐」。如果這樣喊就能爭取到更多選票，政治人物當然會把脫歐放到政見裡。今後，恐怕會有更多國家選擇脫歐。

如今我們習以為常的這個世界，十五年後應該就會改頭換面；我們現在相信的一切，到時候恐怕都不再是真相。

請各位想像一下一九三〇年的日本，誰能預料到日本會在一九四五年時戰敗，國土化為一片焦土？就算我們搭著時光機回到一九三〇年，把這些事告訴當時的日本人，恐怕也沒有人會相信吧？

金融中心的地位搖搖欲墜

那麼倫敦的地位又會如何呢？若在英國脫歐之後，蘇格蘭和北愛爾蘭也跟著從英國獨立，勢必會引發混亂。倫敦恐將不再是經商條件絕佳的城市，企業將會開始評估把據點遷往阿姆斯特丹，或改設在柏林。

想必倫敦證券交易所的高層，還是會繼續強調：「即使脫歐，倫敦仍是歐洲的金融中心。」可是，我認為這並非實情——因為歐洲的金融中心，沒有非得在倫敦不可。就算有些企業考慮離開英國，在歐洲大陸上的歐盟會員國另設金融中心，我也絲毫不會覺得意外。

若是那些為了在歐盟拓展業務，才將營業據點設在倫敦的金融機構，更應該萌生「既然英國要脫歐，那我們就把據點轉移到其他地方去」的想法，那才合理。

歐洲的金融中心，會不會從倫敦轉移到法蘭克福或阿姆斯特丹？這一點誰都不敢保證。我們不應輕信英國證交所高層那些過於樂觀的觀察或放話——因為那個人礙於身分立場，就是得說那些話，所以只不過是說說罷了。

很遺憾的，英國政府欠下了龐大的債務，對政府的財政負擔無疑是雪上加霜。英國能出口到國外的產品本來就不多，目前頂多就只有「英文」在對外輸出，昔日風光一時的汽、機車，也幾乎沒有出口可言。

受惠於「英文」的語言優勢，英國只剩下教育還可聊備一格。就「產業」這一層涵義上而言，其他值得一提的業種實在很有限。從出口的觀點來看，英國的農業顯得相當弱勢；更不用說在科技方面的國際競爭力，英國更是明顯的落後。

一五〇年前的英國，包括製造業在內，舉凡造船、機械、鋼鐵、紡織等各行各業都具備一流的全球競爭力，在各方面都領先全球，橫掃世界。如今情況卻已完全變調。

因此，脫歐後的英國，會面臨相當嚴峻的考驗。即使蘇格蘭或北愛爾蘭不獨立，英國還有龐大的債務問題。他們已沒有產品可以賣給全世界，原油也非取之不盡，更何況電動車（EV）的蓬勃發展之下，未來汽車將不再使用汽油做為燃料。

以往英國主導全球多項產業的發展，更是銀行及投資銀行業界無人能及的霸主。五十年前英國還有一些地位崇高的商業銀行，如今皆已凋零，榮景不再。

Google 和亞馬遜撐起瑞士法郎

另一方面，許多歐陸的歐盟會員國也很苦惱——連資優生德國都債台高築，還有金融體系方面的問題，瑞士也不遑多讓。我年輕時，瑞士法郎可是體質健全貨幣的象徵，因為它的背後有黃金支撐，還有誠懇、睿智的優秀人才做後盾。

如今，瑞士法郎靠的是 Google 和亞馬遜撐起局面。瑞士中央銀行大舉買進美股，持有的個股包括 Google、亞馬遜和微軟等。也就是說，瑞士央行在買美國多家科技巨擘的股票（編按：有報導指出，截至二〇一九年為止，瑞士央行持有二五〇七檔美股，持股總市值約九一二億美金，相當於台幣三兆。其中持股數量名列前茅的，就是前面提到的這幾檔科技類股。央行買進個股的動作相當罕見，引起各界的關注）。

因此，當股市面臨危機時，瑞士法郎就要等著遭殃。沒想到堂堂瑞士法郎竟要仰賴 Google 和亞馬遜護盤，令人大感意外。

請各位千萬不要誤會，亞馬遜絕對是優質企業。不過，我在這裡想強調的是持有亞馬遜股票的風險——畢竟股票市場三天兩頭就會鬧崩盤。

過去，德國、奧地利、荷蘭和瑞士，是一般公認歐洲財政最健全的國家。然而，現在連這幾個國家的經濟，都面臨層出不窮的難題。

如今，連瑞士央行都要投資有FANG（Facebook、Amazon、Netflix、Google）之稱的美國科技業股票。想必這個以往被視為財政最健全的國家，也開始走向地獄之路。德國在銀行等方面也有堆積如山的難題待解；義大利、葡萄牙、西班牙等其他歐洲主要國家，同樣面臨了嚴峻的考驗。

全球經濟重心東移

今後，全球經濟的重心勢必將會往東移動。其中我特別關注的是中國和俄羅斯，因為它們境內都蘊藏了極為豐富的天然資源，人口又多，更保有令他國望塵莫及的軍事實力。

這兩國都屬於東方世界——我個人並不特別喜歡這樣的區分方式。不過，身為一個看得懂地圖的美國人，我知道俄羅斯坐擁龐大的天然資源；也發現中國有廣大的領土，可觀的人口數量，以及傑出的人才。

我要再次強調：一九一九年時，英國是全球唯一的龍頭強國，無人能出其右。當時美國雖已開始崛起，但還稱不上是強權國家。然而到了二〇一九年，英國就算不至於瓦解，至少也已呈現持續衰退的狀態，顯然美國才是世界經濟的龍頭。

請各位回顧歷史，一八一九年，奧地利帝國盛極一時；一六一九年的西班牙，國王還兼任葡萄牙國王，更統治全求各地的殖民地。過去，西班牙是全世界最富庶豐饒的國家，西班牙人航渡世界各地，還發現美洲大陸，他們改寫了世界地理。這樣的變化，在世界史上相當罕見。西班牙人和葡萄牙人就這樣一步步航行到天涯海角，改變全世界的地理觀念。

如今世界上絕大多數的人都對葡萄牙一知半解，可是在十六世紀時，它可是繁榮興盛的大國。葡萄牙人熱情富裕，在全球經商有成；西班牙人亦然。這兩國在全球積極拓展殖民地，占領、統治許多國家。阿根廷和祕魯人迄今仍使用西班牙文，巴西人說葡萄牙語，就是當年的遺緒。他們說的是西班牙文和葡萄牙文，而不是日文。

這樣的發展其實是歷史的必然。不論你我喜不喜歡，盛極必衰就是世界運作的機制。所以當美國的繁華榮景達到顛峰之際，就會逐步走向沒落，由其他國家繼而興起，取而代之。而我認為這個國家應該會是中國。

當然在百年之後，想必會有其他國家崛起，掌握全球霸權；兩百年後，風水還會再輪轉，換其他興旺昌盛——隨著時代更迭，繁榮的國家也各有不同。

歐洲各國紛紛仿傚葡、西兩國，用羅盤四處航海，統治世界各地。他們搭乘帆船，帶著槍，在全球各國登陸，說：「從現在開始，你們的國家是屬於我的。」當地居民都表示反對，但終究無法違抗強權的實力。

很多國家即便一黨獨大也能繁榮發展

歐美普遍存在一種誤解，認為一黨獨大的國家不會成功。然而，日本自太平洋戰爭之後，超過七十年實質上都是一黨獨大。（當年的）民主黨雖曾執政，但也只是短命政權。我無意主張「一黨制是最佳選擇」，但的確也有像日本這樣的成功案例。

當然專制政府不乏失敗的案例。非洲的剛果過去就是專制政權，但領袖愚昧昏庸，導致經濟長期處於極度蕭條的狀態；可是另一方面，由李光耀所領導的新加坡政府也是一黨獨大，但領袖聰明睿智，國家發展得相當成功。只要領導人夠英明，就算一黨專政，也可以像新加坡那樣成功；反之，則可能像剛果那樣引爆一場災難。

中國過去是極具傳統的資本主義大國，在共產黨執政的一九四九年起，到開始推動經濟自由化前的一九九一年為止，唯獨這段期間屬於例外。當年，中國在成為共產主義國家之後，經濟成長持續停滯，再加上蘇聯的失敗經驗，使得全球都對共產主義抱持否定的態度。

然而，中國卻能死守共產主義，維持一黨獨大，同時又推動經濟自由化，在全球快速崛起。就連金正恩總書記都開始起心動念，考慮讓北韓也「變成像中國那樣富裕的共產主義國家」。中國人雖是共產主義者，但現在他們也成了全球最高明的資本家。

對投資人而言，俄羅斯也是一個充滿魅力的國度。以往，我對俄羅斯的未來抱持著悲觀的態度，但如今已全然改觀。從歷史上來看，過去俄國沙皇可以隨意射殺看不順眼的人，奪走他的一切。即使俄國在近百年前成為共產主義國家後，情況仍未改變，發展成一個由獨裁者統治的國家。

不過，就在四、五年前，情況開始出現變化——我猜想或許是普丁總統再也受不了被世人稱作是兇殘罪犯了吧？他曾隸屬於前蘇聯的情治單位「ＫＧＢ」，而西方各國對ＫＧＢ的印象，就如好萊塢電影所呈現的那樣，儼然就是神出鬼沒的暗殺刺客。

實際上，俄羅斯已經明白，在面對外資和本土企業時，都必須公正且妥善的看待。我個人認為，應該是有某些因素，讓普丁總統的想法出現了明顯的轉折。我無意稱許普丁傑出，但俄羅斯的政府負債比率確實偏低，還擁有豐富的天然資源，的確是個深具發展潛力的國家。

然而現在，美國和它的同盟國都在箝制俄羅斯。他們譴責俄羅斯使用生化武器，對俄國政府、組織和個人實施了多項制裁。

俄羅斯農民為什麼感謝川普

不過，想必俄羅斯農民現在每天一張開眼睛，都會開心高呼「感恩川普」吧——因為在這些國際制裁的影響下，俄羅斯的農業反而活絡起來。

既然不能仰賴進口，俄羅斯就得在國內生產充足的農產品。為此，普丁總統大舉振興農業，大幅提高小麥、大麥和玉米的產量，使得俄羅斯的農業快速崛起，成為穀物的出口大國。截至二〇一八年六月為止的一年間，俄羅斯其實是全球小麥出口的龍頭。

曾是全球最大穀物進口國的俄羅斯，如今已改頭換面。

蘇聯解體後，俄羅斯的畜牧業一度遭受毀滅性的衝擊，現在也已成功的起死回生，雞肉和豬肉都足供外銷。從早期以「提高自給率」為主的發展階段，步入「可擴大外銷」的狀態。

所以我才說，俄羅斯的農友應該都在感謝川普——因為美國等各國發動經濟制裁，讓他們個個成了大富翁。

俄羅斯當局不僅握有大筆資產，舉債也少，聰明人也多。此外，俄羅斯還與中國建立了相當友好的關係。今時今日，位在莫斯科市中心的紅場上，大批中國觀光客排成長長的人龍。俄羅斯還興起一股中文熱，學說中文的人變多了。

俄羅斯與中國攜手合作，成為彼此的親密戰友，共同發展多種產業。這對美國而言，想必不會是好消息。俄羅斯與中國都是貨真價實的一黨獨裁國家。儘管俄羅斯人聲稱自己的國家施行民主主義，但那並不是實情。我們必須正視這個現實。

俄羅斯不僅政府舉債少、天然資源豐富，物價也很低廉。我投資之後，可望更增添俄羅斯的魅力。很多人討厭俄羅斯，但我對它的這些變化給予肯定。

俄羅斯上一次發生革命已是一百多年前。當年列寧等人發動革命，後來史達林總攬獨裁大權，一直到柏林圍牆被推倒之前，俄國始終堅持共產主義路線的一黨專政，不曾改變。

冷戰時期，住東德和西德的民眾生活型態大相逕庭。生在南越或北越，住在古巴或佛羅里達，都意味著人們的生活水準將出現極大落差。人會在經濟動機的驅動下，採取適當行動；反之，如果沒有這些動機，人通常也不會有所作為。不會有人想住在經濟蕭條的北韓，說不定北韓的金總書記其實也很想住在經濟富庶的南韓——這是人類的本性。

資本主義固然有它的問題，但只要生活過得不致於像共產主義那麼差，人們會做出什麼選擇，答案已很明顯。換言之，經濟發展能否成功，是決定民心向背的重要關鍵。其實很多民主主義國家都曾在經濟上全面潰敗，例如經濟崩盤的希臘，就是奉行民主主義的國家。

施行民主主義的政權，經濟不見得一定蓬勃發展。歷史是無常的。回顧過去，就可以發現資本主義其實有很長一段時間不是全球的主旋律。人類曾歷經宗教主導一切的時代，也曾走過軍事主宰世界的時代。在日本，曾有過軍方操控政治的時代，也曾有過長期鎖國，幾乎完全切斷對外交流的時代。

關閉對外門戶的國家，下場才是最悲慘的。一九六二年，緬甸國（即今日的緬甸）是亞洲最富庶的國家之一。可是在這一年，尼溫將軍（General Ne Win）在緬甸國發動政變，標榜社會主義，還將外國人驅逐出境。趕走外國人的結果，使得緬甸在五十年後成了亞洲最貧窮的國家。這樣的發展，是因為緬甸當局選擇鎖國，不接納外資，與是否施行民主主義毫無關係。缺乏智慧的獨裁者統治了國家，才是真正的問題所在。

迦納在一九五七年脫離大英國協獨立之際，是當時非洲最富庶的國家之一。後來首任總統誇梅·恩克魯瑪（Kwame Nkrumah）選擇驅逐外國人，還禁止外國企業直接投資迦納，以防外資介入本地經濟。迦納從此無法引進海外的民間資金，這些民間資金，正是發展經濟最不可或缺的活水。

十年後，迦納政府就破產了。

諸如此類，我們可以在歷史上看到很多因為關閉對外門戶，導致國內經濟衰退的案例。

中國在非洲影響力漸增的必然性

非洲也是一個情勢不斷變化的地區。當然，整個非洲多達五十餘國，很難一概而論，不過，目前中國在非洲的影響力的確是與日俱增。

中國會邀請非洲各國領袖舉辦高峰會，許多元首應邀前往北京參加。之後，就會有中國高層絡繹不絕的前往非洲訪問。

中國已在非洲布局多項經濟發展專案，以往在非洲多國殖民的英、法兩國，目前在當地的存在感已相當薄弱。

現在，整個非洲到處都有中國人的蹤跡。非洲擁有龐大的天然資源，令世界各國垂涎，尤其中國更是虎視眈眈。想必非洲未來前景看好的產業之一，就是接待那些造訪非洲的中國旅客，也就是觀光商機。非洲旅行的安全與否，是每位旅客都很在意的問題。若能將中國旅客平安的帶到非洲各地旅遊，必能大賺觀光財。

中國在非洲興建鐵路，也參與了港口的建設。美國以往並未在非洲鋪設鐵路，英國也不曾大力整頓非洲的基礎建設——最後一波在非洲興建鐵路，已是一百多年前的事。

說穿了，其實當年訂定非洲國界的方法相當令人匪夷所思。一八八四年，包括英國、法國、德國、比利時等在內的十四個歐洲主要國家，齊聚德國柏林召開會議。與會成員一起看著非洲地圖，說幾句「那大家就來分一分吧！我要這一國，你可以拿那一國……」「這裡劃個國界」「這裡是蘇丹」「那邊是安哥拉」「那裡是剛果」等，就這麼瓜分掉整個非洲。

這些與會成員根本不明白自己究竟在做什麼，完全沒有顧慮那些住在非洲的種族、語言等差異。當時的非洲居民恐怕做夢也沒想到，竟有一群白人齊聚在千里之外的柏林，宰割著自己的命運。

外國人擅自訂定的國界

一九一六年，也就是第一次世界大戰期間，在中東也上演過類似的戲碼——英、法、俄三國簽署祕密協定，要瓜分鄂圖曼帝國的領土【編按：這裡指的是賽克斯-皮科協議（Sykes-Picot Agreement）。不過，後來俄羅斯在一九一七年爆發革命，正式成立蘇聯，所以並未實際取得協定中的領土】。

「這一國是伊拉克」「那裡就是敘利亞」……對於實際居住在當地的民眾而

言，列強連一聲招呼都沒打，就這麼擅自劃訂中東的國界。當年住在現今伊拉克一帶的各民族，根本就是水火不容，這種任意瓜分領土的行為簡直是愚蠢至極。

然而，英、法等國還是自行劃訂別人家的界限，還大言不慚的說：「這樣很好，沒有問題。」【編按：居住在伊拉克、土耳其和敘利亞交界的庫德族人，向來是中東地區的一大難題。問題的根源就在這裡，當年英國還同時簽署同意在巴勒斯坦建立猶太人居住地的貝爾福宣言（Balfour Declaration），以及承諾讓阿拉伯各國獨立的海珊—馬克馬洪協定（McMahon-Hussein Correspondence）被批評是大玩「三面外交手法」。而英國任性妄為的外交手段，埋下巴勒斯坦問題的禍根。】

這是距今百年前、由不住當地也和當地居民毫無瓜葛的歐洲列強所訂下的盟約，至今，當地人仍在為這些決定付出代價。

如今非洲各國已經獨立，國境卻仍比照當年——和柏林會議決定時相去不遠。這些國界，是由那群與非洲人無關的白人所擬訂的。

與歐洲的連結漸趨薄弱

可是，非洲已開始改變。現在中國人在當地大舉銷售各種產品，從家電到日用品通通都賣，還投資包括基礎建設在內的多項專案。

中國在當地所興建的鐵路至少是生產性資產。非洲各國可能無力償還這些為了鐵路建設所借的貸款，因此失去鐵路的所有權，中國人還是可以笑開懷，因為他們可以掌控龐大的非洲市場。

不過，我倒不認為非洲在二〇二五年時會成為中國的殖民地。但無論如何，中國在非洲的存在感確實是越來越鮮明——這是現在進行式。中國出手闊綽，不時招待非洲各國領袖到北京，所以這些領袖對中國言聽計從，過得逍遙愉快。

因此，到了二〇二五年時，非洲人關注中國的程度，恐怕會比對英、法或美國的關注更高出許多。如果在二十五年前到西非去，多數國家即使部會首長是黑人，辦公室裡一定會有法國人，協助首長推動各項業務。例如衛生部部長的身旁，就有一位法籍醫師輔佐。這是昔日法國統治西非的年代所留下的遺毒，但它們已是過去式，現在完全不是這麼一回事。想必中國人已取代法國人，打入非洲各國的政府了吧。

我覺得中國人非常聰明——因為他們沒有步上英、法兩國的後塵，沒有選擇用蠻力來征服非洲各國。如今中國大力鼓吹「一帶一路」這個龐大經濟圈的概念，但他們並不像五、六百年前的西班牙人或葡萄牙人，並沒有因為發現新大陸而改寫地理。

別忘了，兩百年前鐵路問世時，世界地理為之一變。美國有個城市叫芝加哥，堪稱是隨著鐵路的發達而蓬勃發展的城市。若當年沒有鐵路，恐怕就不會有芝加哥這樣的大城市興起吧？鐵路造就了芝加哥。如今，中國的一帶一路正在改變各區域的交通，甚至是改變世界。這樣的變化，在歷史上相當罕見。只要一帶一路發展起來，你我現在認識的這個世界，恐將完全改頭換面。或許有些國家、族群會在這一波變化中被拋下，但想必一定也會出現像十九世紀的芝加哥那樣，突然蓬勃發展的區域。

可能會有某一條連結中國到歐洲的路線，成為新的掌權之路。它的威力絕不容小覷——因為中國的資金充裕，又有遠景，也很清楚自己想做什麼。當年芝加哥這個城市，或許是偶然應運而生的聚落，但如今仍屹立不搖，就是因為當地有鐵路的緣故。

在「一帶一路」政策下，已有許多國家排隊想邀請中國投資。只要配合中國的這個發展構想，就能得到中國在經濟上的支持。

一度沒落，卻能重新崛起的非典型大國

除了中國之外，其他國家已不可能像昔日的英國，或現在的美國這樣，有望成為全球霸權；也沒有哪一國能再複製十六世紀西班牙的成功。日本人或許會認為「要是日本做得到，那該有多好」，可惜這個念頭完全不可能成真。債台高築、高齡化日趨嚴重的日本，前途一片黯淡。

事實上，中國的確是個了不起的國家。它曾一度沒落，卻能重振雄風，可說是史上空前，頗有重掌世界霸權的態勢，甚至很可能再度取得足以宰制全球的影響力。

目前美國在許多領域當中占有舉足輕重的地位。它雖不是足球王國，卻一手主導籃球、棒球界的發展。再放眼企業界，也能發現美國主宰包括高科技在內的眾多產業。

中國固然也有它的弱項，但它確實在許多領域逐漸培養出傲視全球的實力。儘管俄羅斯的實力也不容小覷，但除了中國之外，我實在想不到其他國家有望在二十一世紀崛起，發展成新一代的霸權。

激烈抗爭將導致香港自毀前程

二〇一九年，香港的民主運動爆發了激烈抗爭，癱瘓當地的經濟，讓人不禁憂心香港的前景。英國在就香港回歸問題與中國簽訂協議時，雙方已定調「香港自一九九七年回歸後的五十年內，都會延續既往的制度」，這就是所謂的「一國兩制」。中國承諾在二〇四七年之前，都不會將共產主義制度引進香港。

然而，到了二〇一九年，香港竟出現逃犯條例修訂草案，引發市民的強烈反彈。香港當局並不是要廢止與英、美等多國之間所簽訂的引渡條約，但香港人可不這麼想。民主與自由，是人見人愛的好話，沒人會反自由、反民主，所以才會有這麼多香港市民擔心他們的自由受到限制。

當民眾身處水深火熱之際，總會爆發抗爭。不僅香港如此，法國也發生街頭示威運動。全球經濟正在放緩，很多地方都上演著悲劇。正因如此，人們才會走上街頭抗爭。

中國經濟也同樣在放緩。我曾在二〇一八年訪中，就我的觀察，歐美各國人士或許會認為中國的政治人物是萬惡源頭，但就算北京當局真的打算更動香港的制度，也只不過是小事一樁。

中國截至目前為止，把經濟發展得很不錯；反觀香港，似乎是在自毀前程。香港經濟一旦衰退，想必上海這個經濟據點的重要性就會更形提升。對中國本身而言，或許可以說是一樁美事。而臨近香港的廣東省深圳市，存在地位也可望水漲船高。日本、德國和美國等國的企業，若要在亞洲要新設、搬遷據點，恐怕未來不會再將香港列入考慮。

若是在兩年前，香港、新加坡和東京等地，或許都會列入評估。然而，如今香港已逐漸退出競爭選項。儘管激烈的示威抗爭並沒有破壞香港，卻可能加速香港的沒落。

香港尚未瓦解，但人們不再赴港活動，使香港的前景轉趨黯淡。香港問題已是人盡皆知，自然就不會有人選它當作投資標的。昔日對製造業、金融業而言，香港是個極具魅力的城市，如今進駐中國內地的成本，比香港更低，因此有越來越多的企業跨過邊境，轉進深圳。當然上海也是非常適合經商的城市。現在的激烈抗爭，恐怕將使香港自毀前程。

印度為何前景堪憂

印度的發展前景曾一度備受看好，但我個人抱持悲觀的態度。說穿了，其實印度經濟發展相當受限，規定也多。舉例來說，儘管各地區規定略有不同，但印度當局為保護農民，實施「禁止持有五公頃以上的土地」禁令，相當重視農民的權益。

然而，最多只能持有五公頃土地的印度農民，和動輒就擁有十公頃以上大片農地的澳洲，真的能相抗衡嗎？我不得不說，其實難度相當高（編按：根據日生基礎研究所二〇一九年的調查報告，農地持有面積未滿兩公頃的小農，占印度整體農戶數量的85%；全國平均每一農業經營體持有的農地面積為一．〇八公頃，比日本的二．九八公頃還少）。

耕作農地面積未滿五公頃者，致富的難度很高。印度農民多是貧窮的小農、微農，因此生活相當困苦，甚至還有很多人自殺，釀成社會問題。這些農民會自殺，多半是因為生活困苦、債台高築，最後走投無路。他們會揹負債務，是因為務農賺不了錢，只好一再告訴銀行「明年一定會好轉」，以爭取銀行的貸款。如此一來，貸款雪球就會越滾越大，還款難度也越來越高，活著只會越來越辛苦。這樣的惡性循環推升了印度的高自殺率——而這就是印度的現實。

我現階段無意投資印度，以前倒是投資過幾次，可惜全都無功而返。或許日後印度還會再有投資機會，但印度股市已長期過熱，所以我目前並未投資。

另外，我個人也不是莫迪總理的狂熱信徒。儘管他的確贏得許多肯定，但實際上簡直是毫無作為。那些宣傳確實很高明，莫迪真的把印度的廁所整頓得很乾淨。可是，印度的貨幣——盧比還是很難兌換外幣；印度的金融市場受到管制，相當封閉；更糟的是，印度的官僚主義橫行到堪稱可怕的地步。

不知道各位是否聽過美國零售通路沃爾瑪的例子？沃爾瑪在中國展店數百家門市，在印度卻連一家店都沒有。因為印度當局認為，引進外資會讓在地零售業曝險。外國零售業進軍印度的風險頗高，印度目前仍禁止外資企業投入零售業，這個離譜的限制，實在令人不禁想大喊：「真是夠了！」而原因就出在印度人認為「外國的零售業者很危險」的觀念上。

以往日本零售業也很排斥外資，直到約莫二十年前，狀況都和現在的印度差不多。我知道過去日本也不太喜歡外國人，同樣也曾是對外資設限的封閉市場，但已經今非昔比。印度和日本不同，迄今對外資的態度仍相當保守，要在這樣的國家投資，難度非常高。

朝鮮半島有什麼商機

我是美國人，所以目前不能在北韓投資。不過由於金正恩總書記有意改造北韓，我想之後應該會催生出一些精彩的商機。

金總書記曾造訪北京，對中國的經濟發展大感詫異。他恐怕是在想「北京究竟發生了什麼事？如此翻天覆地的變化，簡直教人難以置信」吧？

然而，金總書記一定明白，當他回到北韓後，迎接他的，是「一成不變」的現實。中國觀光客、俄羅斯觀光客都會到北韓觀光，所以有越來越多的北韓人知道他們「富起來了」。正因如此，金總書記已在考慮推動同樣的改革開放路線，以促進北韓的經濟發展。

南韓的文在寅總統很積極的與北韓對話，甚至未來兩韓還有可能步向統一。當然南、北韓的統一並不會立刻實現，畢竟還是有些難度，但我認為目前是值得期待的狀態。

真正的問題其實是出在美國身上。美國在韓國派有約三萬人的軍隊駐紮，主要是陸軍和空軍。他們當然不想從韓國這個具有重要軍事意義的據點撤軍——畢竟美國可以在鄰近中國和俄羅斯邊境駐軍的唯一地點，就是韓國。也因為這樣，即使美國政府在駐軍費用等方面對韓國政府斤斤計較，但我認為實際上美國根本不想撤軍。

就算駐韓美軍真的想撤，也無法以日本或台灣來取代韓國的地位。韓國是美軍想保護同盟國時最無可取代的地點，這正是問題的癥結所在。不過，我認為既然韓國的文在寅總統，和北韓的金正恩總書記已將統一納入考量，這當中就有商機可期。

南北韓目前隔著三十八度線對峙，一旦開放，未來的十年、二十年內，這裡應該就會出現相當令人興奮的光景。昔日德國、越南的統一，都刺激了經濟的活絡。南、北韓的人口，加上住在中國的朝鮮族，朝鮮民族的總人數約可達八千萬人。他們並沒有任何信仰衝突的問題。

位在俄羅斯極東地區的核心城市海參威，地理位置鄰近朝鮮半島，也是一個充滿刺激的城市。普丁總統在此投資鐵路建設等諸多因素，使得海參威潛力無窮。普丁不只想促進海參威的蓬勃發展，還考慮在此設立全球頂尖水準的大學，才會大舉加碼投資。現在，海參威經常有大批中國、韓國人，甚至還有日本人造訪——三十年前，海參威可是個祕密城市，外國人根本進不去，如今已對外開放。

看在西方社會眼中，俄羅斯當然不討喜，中國更是討厭。不過，我倒是認為這兩國都很有商機，打算積極投資。

至於其他地區，我認為緬甸應該會轉旺；烏茲別克雖然變動規模不如韓國或越南，但也在改頭換面，好事連連；至於伊朗雖然有些問題，不過看來應該是有值得投資的機會。

當危機出現，股價大跌時，才有進場的機會。美股直到最近都還處於史上最高水準，所以我一直不考慮買進；日股先前也同樣持續高檔。不過，目前整體環境已有很大的轉變。

有些人擅長買高賣高，可惜我沒這方面的才能，所以鮮少嘗試。我會在自己認為情況有變的地方，買進那些價格跌深的標的——當商品價格大跌，情勢又出現變化時，通常都能從中獲利。

日本該如何自處

那麼日本又會如何發展呢？若要為子女的幸福著想，我認為目前住在日本的人，都應該考慮移民海外。但移民的地點不是美國，因為不再接納外國人的國家，勢必走向沒落一途。

日本對「少子化」議題大感頭痛——除非新生兒人數大幅增加，否則人口就會減少。現況是人口數量已持續下滑，未來政府舉債還會再增加。日本的處境可說是相當嚴峻，令人不得不悲觀看待它的未來。

日本所面臨的問題有兩個解方：一是阻止政府舉債繼續膨脹，減少負債，再者就是要廣納更多移民。日本雖不喜歡外國人，但再這樣下去，日本就會沒落。

這些都不是我個人的見解，而是有數字支撐的單純事實，非常簡單明瞭。我們可以理解為何願意生育的人數減少，因為養兒育女真的很花錢。

其實不僅日本，很多先進國家都有同樣的問題。舉凡新加坡、韓國，甚至是歐洲，情況都大同小異——教育程度高、有工作的女性，都不想生太多小孩。解決這種問題的方法之一，就是開放移民。

多樣化才能帶來創新。大家都拿出一些瘋狂的點子，就容易迸發獨特的創新火花；越多種不同背景的人聚在一起，就容易催生出前所未有的想法。有了多樣性，才能加速創新的腳步。

像大學這樣的教育機構，很難教學生學會如何創新，通常要教也教不好。學生與其到大學學創新，不如從父母身上學習，我自己就教了孩子很多事。不過，即使在具備多樣性的環境，要催生出驚天動地的創新，畢竟還是少數。

我曾經上過日本的電視節目，當時主持人說，日本的新生兒少，移民也很少，我以「因為日本人不喜歡外國人」這個評論回應之後，主持人卻回答：「日本女孩很喜歡外國人。」

當然還是有些日本人樂於接觸外國人，但大多數日本人對外國人的接受度的確很低。即使日本人宣稱「我們喜歡外國人」，可是當時我在日本，就連想找一台ATM來用，會發現很多機器不接受國外發行的金融卡。或許最近日本為了籌辦東京奧運，情況已有改變，但連國外的信用卡在日本都常常碰壁，這件事的確曾令我大感詫異。

農業的商機可期

日本最值得期待的投資領域，我認為是農業。日本從農人口的平均年齡是六十七歲（編按：二〇一八年統計數據），相當高齡。放眼全球，對農業有興趣的民眾也屬於少數。在美國，學公關、宣傳的人，遠比學習農業的人多；在英國，從農者的自殺率高，對農業的關注度卻很低；在印度，因為苦於還不了債而自殺的農友，比例相當高，引發社會問題，政府甚至還要出面承諾讓農友的貸款一筆勾銷。

我無意買農場務農，畢竟像我這麼懶散的人，實在不適合從農。問題是，當人口逐漸高齡化，農業就會面臨人力短缺的問題。日本以技能實習生的形態，開放外國人投入農業，但開放程度仍然有限，還不足以解決人力短缺的問題。

機器人技術是日本的強項，日本應多加運用。只要妥善運用機器人、無人機、人工智慧（ＡＩ），在農業領域掀起創新，應該就會帶來相當可觀的商機。

不肯開門迎接外國人，國家就會沒落

強盛的國家都是仰賴移民撐起繁華榮景。羅馬帝國就是一個很好的例子。外國人在羅馬帝國可以取得公民權，還能擔任元老院的議員。中國各朝也晉用了來自外國的優秀人才，以促進國家的發展與統治。有人說羅馬帝國的強項，就在於它的多樣性——這一點我也同意。

當移民敲開國家大門之後，會發生什麼事呢？離鄉背井、移居國外的這些人，個個勤奮工作，拚命想過更富裕的生活。他們由衷期盼致富，才能好好養兒育女，讓孩子受好的教育。此外，他們還會刺激消費，在食衣住行各方面上花錢；也會儲蓄，甚至為了買房而辦理住宅貸款。

通常不會有人歡天喜地的自願移居國外。原本在自己國家住得幸福美滿，卻願意拋下一切移民的人，實屬罕見。人會選擇移民，都是為了要追求更富裕、更幸福的生活。

所以，民眾紛紛出逃的國家，就會走向沒落。

沒落的這些國家，大概都走過差不多的路——國民不再勤奮，借了根本還不起的錢，卻又不想工作。

國家不會永保繁榮興盛，因此就常理而言，人們會想移居到更有機會致富的國家。由此可知，富庶的國家才能吸引更多移民。如今，世界上仍有很多人想移民美國，可見「美國夢」猶在，人們還是覺得到了美國，比較有機會致富。夢想移民到美國的人，真的定居美國之後，就會再也不想離開。若有朝一日美國經濟崩盤，那當然另當別論。不過，現在美國還是大家認為很有機會致富的地方，也是移民湧入的國度。這樣的趨勢助長了美國的興旺。

我們不妨來回顧一下歷史上曾出現過的強盛國家。

羅馬帝國是同時代最吸引人的國度，可說是掌握了整個世界。當年沒有網路，也沒有飛機，羅馬帝國利用遍布各地的公路網，讓人民往來自如。

儘管時代不同，但「越多移民湧入的國家越興旺」已是歷史的必然。人人都想到富庶豐饒的地方去，這是人類的思維模式，也是工作邏輯。我要再強調一次：這些都不是我個人的意見，而是縱觀歷史所得到的事實。

羅馬帝國賦予外國人公民權，讓國民人數日益增加，帶動國家蓬勃發展。外籍人士變成了羅馬公民，得到在羅馬帝國掌握政治權力的機會。

各位或許不熟悉這段歷史。其實衣索比亞在一千五百年前，是個富庶豐饒、發展成功的國家。當時這一帶屬於阿克蘇姆王國（Kingdom of Aksum），是一個對外很開放的國家，也因為廣納外國人才興盛。阿克蘇姆王國因為和羅馬帝國、印度貿易而繁榮。他們出口象牙、黃金和祖母綠等物產，進口絲織品和香料。此外，阿克蘇姆王國吸收很多外國人才，勢力一度發展到阿拉伯半島上。他們的經濟實力相當雄厚，甚至還鑄造金幣和銀幣。

然而，進入七世紀之後，阿克蘇姆王國的勢力漸弱，衣索比亞就此進入了漫長的衰退期。我認為它的式微，或許是受到阿克蘇姆王國改信基督教的影響。傳統上，這個國家除了有信仰多神教的人之外，還有基督教、猶太教和佛教徒，共同生活在這片土地上。將基督教升格為國教，對於信奉其他宗教的人來說，或許並不樂見。接納多元文化，匯集許多外籍人士的國家，才有更多蓬勃發展的可能。

憑移民之力興起的美國，已出現變化

美國也是因為廣納各國的大量移民才得已發展，興盛迄今。以往美國歡迎外國人，給他們立足之地。然而，川普總統對外國人卻沒那麼寬容，還在美墨邊境築牆。經濟一旦惡化，美國對外籍人士的打壓恐怕只會越來越不手軟。

面對外國人，美國人有時其實戴著很深的有色眼鏡。新加坡雖接納外籍人士，但其實都要經過篩選。

如果您是一位聰明的外國人，受過高等教育，那麼新加坡就會積極擁抱您，說：「請務必到新加坡來。」如果不是，那麼到新加坡工作的難度就會很高。就算找得到工作，也是薪水很低的單調作業，能申請的居留資格也有限。

美國向來宣傳自己有偉大的自由民主，以及廣闊的土地。當移民踏上美國之初，它的確是一個很迷人的國度。可是到了十九世紀，美國對女性、黑人和亞洲人，一律採取歧視的態度，這些族群在選舉時沒有投票權，就連參政權都拿不到。一八八二年時，美國總統甚至還簽署了「排華法案」。這項法案禁止中國勞工移民美國。當年原本只是一條限十年有效的限時法，卻在一九〇二年成了常態法，直到一九四三年才正式廢除。

當年美國在淘金熱潮下，因為人手不足而開始接納華人，後來經濟一不景氣，就打算翻臉趕人。華人屬於亞洲族裔，長相和美國人明顯不同，再加上他們願意接受低薪，被視為是拉低新資水準的元兇，才會被抓出來祭旗。

現在梅克爾首相也在推動接受移民的政策。德國的出生率偏低，因此一直很積極的接納外國人。梅克爾首相不只要爭取能源，也需要外國人力。可惜德國還是有很多民眾歧視外國人。

從歷史記取教訓

我會喜歡歷史，是因為從歷史中可以學到很多教訓。世界不停的在變，但人的本質是不變的。讀了歷史，我們就能明白同樣的事會一再重演，不分古今。

二十世紀時，中國領導人鄧小平為了改變世界，做的事比誰都多。想必各位一定知道改革開放前的中國是個什麼樣的國家。中國的轉變，不僅改變了亞洲，更改變了全世界。就這一層涵義而言，鄧小平是歷史上相當重要且睿智的人物。

在近現代的世界史上，中國的存在感攀升到前所未見的高度。全球總市值排名前十大的企業當中，中資就占了好幾席。電商巨擘阿里巴巴集團和電信大廠騰訊，都是榜上常客。

人們總是願意為了值得興奮的事物付出更高的價錢，任何新科技皆然。所以科技業往往能在總市值排行榜中領先群雄，就像過去的收音機、家用電話一樣。家用電話曾是教人不敢置信的新奇科技，通訊業的總市值也曾高得令人咋舌——這就是世間的常理，畢竟科技是市場的領頭羊。家用電話曾是新科技，收音機也是，然而今天已非如此，改由智慧型手機和相關軟體取代了它們的地位。

從過去到未來，全球都會繼續熱情追捧新科技。不論未來受矚目的科技為何，在資本市場中會受資金青睞的永遠是那些最能巧妙實現的新科技、或極具成長潛力的企業。不論未來有什麼新科技問世都可能改變世界。如今大家已不認為家用電話是一項科技，但在一〇〇到一五〇年前，家用電話是最創新的科技，無人能出其右。

區塊鏈堪稱是當前最令全球感到振奮的科技之一。一般對它的印象，還是以「比特幣等虛擬貨幣會用到的技術」最鮮明。不過，這只是區塊鏈的其中一個面向。所謂的「區塊鏈」，其實是一種「分散式帳本技術」，鏈上的所有人共有每一筆交易記錄，每一筆交易紀錄都無法竄改。它不僅可用在金融業，在醫療、零售、不動產合約等領域，都有機會用區塊鏈取代現有系統——目前雖然還沒有走到這一步，但我想將來是勢在必行。

生技業也是一個值得關注的領域。這個行業近年來屢傳捷報，發表許多新發現，顯然是不斷在追求創新。另外，投資客其實都已投入鉅額資金，押寶投資發展AI的企業——因為AI相關的新創企業，個個都與傳統企業不同，新奇刺激，市場罕見。還有，想必也有投資客下重本押寶研發無人機的企業。換言之，一項科技能否吸引投資人青睞，取決於它是否新奇，是否令人充滿期待。

下一個開戰的地區

中東很有可能是引爆下一場大戰的火藥庫。當地不僅阿拉伯人和以色列人的策略失當，（美、俄等）各國勢力也在此頻頻失誤。換句話說，有太多人在中東把事情搞砸。

中東一直是當代的火藥庫。第一次世界大戰爆發前夕，大多數人都沒察覺巴爾幹半島已開啟戰端。然而，這場戰火日後持續延燒，不僅重創歐洲，更成為拖累全球的慘烈戰役。

目前中東各國顯然已處於局勢不穩的狀態，和昔日第一次世界大戰的引爆點——巴爾幹半島當年的情況，頗有點相似之處。

當年奧匈帝國王儲遭塞爾維亞青年暗殺後，奧匈帝國遂向塞爾維亞宣戰，俄國、德國和法國接連加入戰局，讓戰火轉眼間就燒成一場大戰。塞拉耶佛原本只是在巴爾幹半島上一個名不見經傳的小城，這裡迸出的零星火花，引爆了日後的第一次世界大戰。所以，中東確實有可能在世人不曾聽聞的地方爆發衝突，進而演變成大戰。

很多人都聽過卡達、杜拜，但聽過「葉門」這個國家的人，恐怕就少之又少。它是位在沙烏地阿拉伯南側的小國，而且目前處於戰爭狀態，一派獲得伊朗支持的勢力，頻頻向沙烏地阿拉伯發射飛彈。

一個多數人都不知道在哪裡，甚至連聽都沒聽過的國家，發生一起事件，形成第一次世界大戰的導火線，讓全球在轉眼間就陷入戰火之中。當時，奧匈帝國皇帝很擔心王儲在塞拉耶佛遇刺後國家可能瓦解。奧匈帝國當年是泱泱大國，遂先向塞爾維亞提出包括十項內容的最後通牒。可是塞爾維亞只願接受部分條款，於是奧匈帝國便正式宣戰。這場肇因於一宗小事件的戰爭，孰料在六個月後竟讓各國都傷透腦筋，不知道事情為何演變至此，也不知該如何擺脫這場戰爭。

可惜，當時不論是政治人物或政府官員，都只能束手無策。參戰國當然會萌生「一定是有哪裡搞錯了。我們已經扼殺了這麼多年輕的生命，停戰吧！」的念頭，但一切都為時已晚。

二十一世紀的塞拉耶佛在哪裡

同樣的劇本，接下來或許會在中東上演。中東的某個區域，可能就是二十一世紀的塞拉耶佛，因為太多人在此一再犯錯。

再者，中東地區握有石油資源，又有以色列人，各項因素都處於不穩定的狀態。如果要我說下一場大戰會從哪裡開始點火，我想應該不會是韓國，畢竟在東亞地區爆發類似問題的風險相對較低。但，說不定會是在中東爆發的某個事件。我猜可能引燃戰火的源頭，應該就在中東的某處。特別是現在多數人根本沒聽過的城鎮，哪天可能就像塞拉耶佛或塞爾維亞一樣，一夕成名。

戰爭當然不對。不過，戰爭總會因為一些錯誤的理由而吹響號角，就像荒謬的第一次世界大戰一樣。

第7章

對於未來的正確看法

——要懂得懷疑社會一般常識

Jim Rogers
The Age of Crisis

奧運不可能救國

不久之前，日本還為了迎接原訂在二〇二〇年夏季所舉辦的奧運會而舉國歡騰，結果賽事卻因疫情被迫延期。這裡有一些值得我們留意的重點。

回顧過去百年歷史，奧運其實不曾拯救過任何一個國家。很多國家都主辦過奧運，但這些國家並沒有因此而出現太大的改變。

奧運前後的幾個月，主辦國和主辦城市都會洋溢著熱鬧氣氛，民眾和政治人物也會歡天喜地。但現實是，舉辦奧運需要在公共建設等方面大舉投資，所以政府舉債金額也快速膨脹。

我認為過去並沒有任何一個國家，因為主辦奧運而在經濟上大有斬獲，主辦奧運總是要投入高額的經費，或許飯店業和航空公司會發一筆奧運財，但那畢竟是少數。奧運終究不曾拯救過任何一個國家，唯一可以確定的是，它會讓主辦國債台高築。

像希臘、巴西這些在舉辦奧運後經濟陷入低潮的案例，不勝枚舉。辦奧運的過程中，少數人會得到一些暫時性的好處，它的宣傳效果也很好——至少政治人物是這麼想的。然而，我個人並不會因為某些國家要辦奧運，就到當地去投資。

奧運舉世皆知，投資那些大家都知道的事物，恐怕很難成功收割。如果各位想成功獲利，最好去找找那些沒人知道的標的。舉例來說，假如各位發現政府要在某個領域投入大筆資金，那或許就是一個進場良機；若發現滿街都在瘋狂買進某個投資標的，那各位最好趕快考慮賣出。各位最好記住這個概念：當大家都想著同一件事，熱愛著同一個標的時，這項投資或許就不會那麼盡如人意。

獨角獸熱潮只是泡沫

軟銀（SoftBank）因為投資中國阿里巴巴集團而豐收的故事廣為流傳。其實有多家獨角獸企業（企業價值逾千億日圓，前景看好的企業）都接受了軟銀的資助。可是，這些獨角獸企業含金量真的有那麼高嗎？

經營「共享辦公室」的美國大企業 wework、叫車服務龍頭 Uber 等，看起來都像是一個模子刻出來的公司，以往走過的路也大同小異。例如，我們可以回顧一九八〇年代後期的日本泡沫經濟時期，其實就發生過同樣的狀況——類似經營模式的企業，股價高得離譜，但還是有人買賣。市場上人人都說「日本和其他地方不一樣」。

這就是為什麼當年每家日本企業的股票全都飆上天價的原因。當年我在演講當中說「日股股價太膨風」之後，馬上有人舉手說了這句話：「我們日本人不一樣。」於是我這樣回應：「日本人穿褲子的時候，也是一腳一腳穿，不是兩腳一起穿進去。這一點和美國人毫無差異，完全一樣。」人們在瘋狂的時候，總會搬出這句「這次不一樣」。然而，對我來說，只覺得這是個似曾相識的光景。

一九九九年，美國財經報刊華爾街日報（The Wall Street Journal）開始刊登有關「新經濟」（NEW ECONOMY）的相關報導。文中的「NEW」和「ECONOMY」，都用了大寫。會做這樣的呈現，是因為華爾街日報想強調：革命性的經濟型態已然誕生，一切都會顛覆過去，改頭換面。然而，當時大家瘋狂追捧網路企業，所吹起的達康泡沫也很快就崩潰瓦解。此後，華爾街日報也不再使用「新經濟」這個詞彙。

這些都是過去曾經發生的事。每個人都會重蹈覆轍，所以沒什麼好擔心的。人類這種生物，就是會沉醉在許多毫無根據的狂熱裡。

投資阿里巴巴不是個好主意

想必「虛擬貨幣」就是這樣一個令人沉醉的東西。或許區塊鏈本身的確是個創新技術，但我們必須從更冷靜的角度來審視它。畢竟區塊鏈技術當中的很多元素，都是由Google、亞馬遜、微軟、索尼等大企業的關係企業所提供。在區塊鏈相關產業當中，我還沒遇到心儀的投資標的——它必須擁有卓越的技術，而且是獨立經營的中小型區塊鏈企業。

為了投資區塊鏈技術而大買阿里巴巴股票，我認為並非明智之舉，因為就算阿里巴巴旗下擁有再優質的區塊鏈企業，也都不是獨立經營。區塊鏈技術日後定將普及、壯大，但為了這項技術而投資阿里巴巴，並非上策。

區塊鏈可望改變你我已知的一切，而且也已經開始朝這個方向前進。不過，究竟哪家區塊鏈企業才是投資首選，我目前還沒有答案。

當人人為之瘋狂的泡沫吹起之際，到底我們該採取什麼行動？就讓我從投資人的角度，來和各位談一談。

當市場呈現泡沫狀態時，不管我們買進什麼標的，都很難真正獲利。舉例來說，若在一九八九年買進東京的不動產，那麼就算之後再怎麼長期持有，恐怕都無法獲利。

可是，能在泡沫吹起前就買進，並且在泡沫巔峰時聰明脫手者，恐怕只有極少數。能操作得如此準確的人，都是相當了不起的投資客。能在泡沫出現前逢低買進，等泡沫吹到最大時賣出，堪稱是最佳劇本。每逢泡沫吹起時，若能反覆操作同樣手法，相信各位一定能成為超級有錢人。

不需高度肯定美國教育

教育對每個國家都很重要。美國的教育在全球受到高度肯定，是各類大學排行榜上名列前茅的常客。然而，最近我看到一份調查，報告中指出「美國的大學畢業生有50%看不懂報紙上的社論」，並表示其實多數讀者根本不明白社論上所寫的內容。

無法理解社論內容的人，可能連信用卡申請表都看不懂。這是一個相當嚴重的問題——「受過高等教育」這件事，遠比當事人的實力高低更有宣傳效果。

我曾讀過美國最具代表性的一流名校。學校不僅校園壯觀，也提供高水準的教育，讓我得以從中學習到豐富的知識。然而，如今美國多所大學提供的教育水準已不復往昔。很多大學教授只是照本宣科的教學，絕大多數的美國人即使上了大學，也得不到優質的教育。這正是問題所在。

中國應能成為下一個崛起的偉大強國。我相信它在國際社會的存在感，最終一定會比現在更高出一大截，因為強盛的國家，都有優質的大學。

以往全球公認強盛的那些國家，都已步向衰退。十六世紀時，一所位在葡萄牙的大學，是全球最頂尖的優質學府，可惜如今幾乎已經沒人聽過它的名字——科英布拉大學（Universidade de Coimbra）。它雖獲選為世界遺產，但大學本身的知名度並不高。

一千年前，是伊斯蘭文化的輝煌年代。當時，位在摩洛哥的卡魯因大學

（University of Al-Qarawiyyin），也是一所大放異彩的高等教育機構。根據聯合國教科文組織（UNESCO）的資料顯示，它是目前仍在營運的教育機構當中歷史最悠久的，也以「全球最古老的大學」而聞名。義大利的波隆那大學（University of Bologna）是歐洲最古老的綜合大學，但其實摩洛哥的大學歷史更悠久。

不過，這些曾盛極一時的大學，現在多半都已鮮為人知。我認為，只要中國的經濟實力攀升，國家持續發展，當地的大學就會被視為全球最重要的高等學府。

一個國家的經濟繁榮與否，和高等教育機構的發展息息相關。因此，最能代表中國的北京大學和清華大學，恐怕國際地位節節攀升是時勢所趨。在美國的《美國新聞與全球報導》（*U.S. News & World Report*）雜誌所做的全球大學排行榜當中，清華大學也曾超前麻省理工學院（MIT），成為全球在工程領域最頂尖的大學。

我曾認為英國的牛津大學和劍橋大學是很出色的學校，而我也的確進了牛津大學，度過一段很精彩的日子。不過，現在回頭想想，或許我當年應該到北京，去讀北大或清華——但當年我才二十一歲，對中國的潛力一無所知。

瀕臨危機的美國大學

目前，美國的大學面臨許多問題。例如正職教師的任職期間長，校方通常無法解聘這些老師，導致美國各大學的成本結構淪為鐵板一塊，薪資水準居高不下。

在美國讀大學的花費相當可觀，如今甚至已漲到令人咋舌的水準。為什麼大學的成本結構會墊得這麼高呢？因為教授的任職期間長，他們可以混水摸魚、高枕無憂，不必那麼賣命的工作。所以這些大學老師都很喜歡自己的工作，沒人想離開。結果使得美國的教育學費成為天價，讓人很難咬牙讀下去。如果學生選擇到其他國家讀大學，而不是美國的話，花費會便宜許多。

美國經濟有太多問題，所以只要大環境出現劇變，美國恐怕會有許多大學走投無路。若是全球知名的學府，或許還有部分學校可以倖免，但美國整個大學系統已逐漸陷入癱瘓，甚至還有學校破產。

根據聯準會的調查指出，在美國上大學的年輕學子當中，有54%為了繳納學費，透過申辦學生貸款等方式借錢。然而，無力償還的學生也不在少數，平均每五人中就有一人拖欠。當經濟持續惡化，畢業生不容易找到工作，還不起學生貸款的人自然就會變多。目前美國學生貸款的不良債權占比已高達11％，如果數字再繼續惡化下去，大學系統將無以為繼。

若想進美國的普林斯頓大學等名校就讀，要付出相當高昂的學費——一般而言，四年總共要花三十萬美金（約一千一百萬台幣）。除此之外，講義、交通費都要花錢，無法從自家通學者，恐怕還得再加上宿舍費。讀大學真的這麼有價值嗎？想必很多人會認為「如果讀的是普林斯頓就有」。可是在美國，就算是名氣沒那麼響亮的大學，學費也很貴。

當大學再也負擔不起高昂的成本時，到頭來也只能宣告破產。如果教授本身有實力，就算學校說「我們已經付不起你的薪水」，老師們應該也能另謀高就。然而，很多教授恐怕根本沒有能力找到新出路。

教育將逐步線上化

未來，教育會逐步走向線上化。現在，各位已可透過線上方式，用相當便宜的價格上一堂和普林斯頓大學的實體教學內容相差無幾的課程。

在全美數以千計的大學裡求學的同學們，想必終究會明白「線上化」所代表的涵義。舉例來說，同學們顯然已經不必再為了學西班牙文而到大學上課，只要坐在家裡，打開自己的電腦，就能學習。同學也不必再為了學會計而專程趕赴大學，甚至連電腦都不用，只要有手機就能上課。就讀大學的求學成本日益高漲，而線上課程的費用卻越來越便宜。這個趨勢，想必會讓更多大學為求生存而苦惱。

有一份調查報告指出，美國知名學府的教授，平均年薪可達逾二十萬美金（約七百萬台幣）的水準；校長層級的年薪則會突破一百萬美金（約三千兩百萬台幣）。美國大學教授如此高薪，甚至是日本名校的兩倍。可是這樣的薪資水準，恐將導致美國大學走向沒落。

隨著教育的線上化，學生有興趣的主題絕大多數都已可在網路上學習。大學未來的角色，可能只是個讓十八歲左右入學的年輕人聚集、交流的地方。

事實上，我自己讀大學時，從同學身上學到的東西的確比在課堂上的還多。這是一樁美事，十八到二十一歲的人聚在一起，彼此交流，是無與倫比的愉快經驗。他們可以盡情運動、跳舞，或做任何自己喜歡的事。

不過，大學未來勢必要更善加運用線上教學。美國的大學應該不需要兩萬個西班牙文老師，只要有一位優秀的老師在線上教學即可。我實在不明白，為什麼需要聘用兩萬個西班牙文教授？

會計學也一樣。會計學的教授也很多，絕對用不著兩萬人。會計沒那麼難，只要找到優秀的老師，在線上開課，成本就能大幅降低。

美國有很多大學教授都想拿到終身職（tenure），因為這個身分可以為他們確保穩定的經濟來源，避免被解雇的風險。先在大學教個七年，再取得終身職之後，除非有正當理由或特殊情況，否則教授就不會被解雇。從上班族的角度來看，終身職是一項不合理的制度。畢竟在一般企業任職的員工，隨時都有可能被炒魷魚，這一點毋須贅述。

除非犯下殺人之類的重罪，否則正職教授直到退休，都不會被解聘。這是美國社會的現實。如此愚蠢的職位，全球找不到第二個。為什麼會計學的教授該有終身職，絕對不容解聘呢？

變動的時代裡，人們需要這樣的教育

現在我們究竟需要什麼樣的傑出教授呢？應該是對眾人關注的先進領域，例如區塊鏈知之甚詳，並具有卓越教學能力的人。

若能由這樣的老師來進行線上教學，想必有意參與的同學一定很多。既然不需要實體教室，上課就不再像過去那樣要設人數上限。只要有好老師，自然會有越來越多的同學慕名而來。如果各位是優秀的老師，一定會懂得活用線上教學；如果各位教學教得好，就能賺進豐厚的收入。

區塊鏈很有可能成為改變世界的一項技術，如果各位是精通區塊鏈的教授，又能教得易學易懂，就會有很多教學需求找上門。

農業也是一個前景看好的領域。不過，現在多數同學對公關、宣傳的興趣，遠比對農業高出許多，所以農業的線上教學並沒有太多需求。從指導者的立場來看，有沒有能力指導那些具致富商機的領域，至關重要，因為很多學生想學的，是畢業後能讓自己荷包滿滿的領域。

同學在選大學時，其實個個都想致富。他們進了大學，拿了學位畢業後，就想飛黃騰達。對那些有助於賺取更多收入的學科，同學們顯得興致勃勃。

一九六〇年代中期，我在牛津大學進修政治和哲學。當時有位教授問我：「你現在學的這些學問，和股市毫無瓜葛，為什麼你會對股市有興趣呢？」

如今，進普林斯頓大學讀書的同學當中，對股市感興趣的大有人在。這些名校的學生，很多人都想坐在自己的房間裡，操作避險基金。因為在今天這個世道下，操作避險基金很有機會賺大錢。然而，一九六〇年代前期，也就是我在耶魯求學的那個時代，大學並不是一個讓學生思考如何發財的地方，同學們也沒人在意自己究竟能不能成為富翁。如今校園風氣已截然不同。

現在的大學生很有意願學習如何提高收入。老師必須了解究竟哪些學問可能帶來商機，並掌握同學們想學哪些與致富有關的知識。對這些大學生來說，好老師當然還是很有市場需求，是一項必定能成功的事業。

MBA派不上用場

很多人認為企管碩士（MBA）學位是高收入的保證，其實它完全派不上用場，因為全世界的MBA實在太多了。我認為「讀MBA既浪費時間，又浪費錢」，簡直就等於是把大量的時間和金錢丟進水溝。

一九五八年時，美國一年有五千人取得MBA學位；可是到了二〇一八年，美國光一年就有幾十萬人拿到MBA。而且包括歐洲、日本和中國等世界各地都有商學院，這些地方也有幾十萬個新科MBA。全球每年都會新增幾十萬個MBA，供給已經明顯過剩。而拿到MBA學位的人，多半都對金融業有興趣——因為平均薪資比較優渥。

可是，如前所述，區塊鏈應該會讓金融業界出現翻天覆地的劇變。大批金融機構從業人員準備丟飯碗的時代必將來到。金融市場長期以來經歷了一番多頭榮景，但從歷史上來看，這樣的情況通常不會一直繼續下去。以往金融機構很少借貸，如今卻是債台高築。許多金額機構背負著沉重的債務負擔。金融業的蓬勃盛況已近曲終人散，數十萬MBA畢業生當中，恐怕很多人都將踏上悲慘的末路。

很遺憾的，MBA課程教的那些內容完全不對，錯得令人絕望。我曾在常春藤盟校當中的名門學府——哥倫比亞大學的商學院任教，很明白商學院教的那些內容，可以說是錯誤百出。

同學們在學校學的資訊有誤，而MBA畢業生又極端的供過於求，這已經造成企業界的問題。因此，請各位不要再去拿MBA學位了。如果各位想讓兩年的寶貴時間過得更有意義，不如把學費拿來環遊世界，效果更好。多認識一些人，多享受人生，省下一筆錢之後，還可以視情況把錢拿去投資。

不讀MBA，改用這些時間來創業，反而能學到更多商業知識。就算創業失敗，學到的東西保證比去商學院進修多更多。

如果各位目前正在商學院進修，不妨先中斷學業。我建議各位最好離開MBA課程，忘了這件事，把剩下的資金用來創業。讀MBA既蹉跎光陰，又浪費錢。

除了管理之外更該學習的事

我自己有兩個小孩，我知道亞洲的教育水準領先全球。然而現在，我也明白全世界的教育體系其實都有它自己的問題。

看著兩個女兒的生活，我覺得她們花很多時間在錯誤的事情上。首先，是功課太多。在學校什麼都要做，份量也都太多。新加坡的教育水準在全球名列前茅，但我還是感覺其中有很多問題。

我認為與其學企業管理，不如多學習哲學、歷史和數學。尤其是歷史，對我的人生非常有益——因為學歷史，有助於我們了解世界的變化脈動。

如前所述，我認為既有的一切在十五年內都會改變。這個觀念不是我在學校學來的，但我學會對歷史的精確理解，哲學也教會我如何思考。我擁有韓國國立釜山大學所頒發的榮譽博士學位，據說他們曾評估要頒授管理學博士的學位給我，但被我婉拒了。我說要給我學位的話，我比較想要哲學博士。

哲學是一門很好的學問，能幫助我們學習如何思考。但如今大多數人都已無法自己動腦思考，只是看看電視或上網查查，就對這些媒體上的資訊深信不移。

中國阿里巴巴集團的創辦人馬雲（Jack Ma）是一位相當知名的企業家。他不僅沒有MBA學歷，國、高中時代的成績也不怎麼樣，所以他暫時放棄升學，跑去當三輪車伕。後來他發奮圖強考上大學，當了英文老師。他雖沒有MBA學歷，仍成功創立阿里巴巴，並透過電商平台，掀起一場改變中國零售業生態的創新，成就斐然。

諾貝爾經濟學獎一文不值

究竟拿諾貝爾經濟學獎有什麼意義呢？諾貝爾獎於一九六九年設立經濟學獎項，但得獎者向來都是歐美人士，幾乎不曾出現亞洲臉孔。

自一九六九年以來，亞洲經濟的發展一直都比歐美更亮眼，卻沒有亞洲人獲頒諾貝爾經濟學獎。所以，諾貝爾經濟學獎根本就是個笑話，甚至該說是可恥。

昔日的中國最高領導人鄧小平，在中國創造了經濟奇蹟，卻無緣得獎。他是一位奇蹟似的勞工，為中國的經濟起飛奠定基礎。我認為他值得諾貝爾經濟學獎肯定，但他從未獲獎。

為什麼他拿不到這個獎項？因為諾貝爾經濟學獎的得主都是由既往的得獎者共同選出，他們都想從自己熟悉的、交情深厚的圈子當中，挑選出得獎者。

當然在這個圈子當中，成員不只有男性，也有少數的女士。這些成員的交情甚篤，會彼此打電話透露「喬，他（她）得了諾貝爾獎」。他們就這樣從自己人的圈子中挑選經濟學獎的得主。

若用日本來比喻的話，這樣的遴選方式，簡直就像是從北海道這座島中選出個諾貝爾獎得主似的。以往這些諾貝爾經濟學獎得主既看不懂中文，也看不懂日文，甚至根本不懂其他任何外文，頂多能通英文或德文而已。所以亞洲人實際上並不具備得獎資格，印度也只出過一位得主——一九九八年獲頒諾貝爾經濟學獎的阿瑪蒂亞．沈恩（Amartya Sen），他年輕時即旅英，於劍橋大學取得博士學位後，陸續在倫敦大學、牛津大學和哈佛大學任教。他的獲獎應屬特殊案例。

沈恩有著一副印度人的長相，也有著印式風格的姓名，但已旅居歐美多年。

就算他走在德里街頭，恐怕也沒人知道他是何方神聖。可是在劍橋，曾獲諾貝爾獎殊榮的沈恩，是一位家喻戶曉的名人。劍橋是英國名校，不是亞洲的大學。我們或許可以這樣說：沈恩能獲得如此高度的肯定，最重要的因素，是他在英國受過高等教育，可說是亞裔的西方人。

由一群畢業於歐美名校的菁英，互相商討之後決定誰雀屏中選，是一個很偏頗的獎項——這就是我對諾貝爾經濟學獎的看法。這個獎項每年都選出得主，讓得獎者覺得很幸福，這些名校也樂於分享榮耀。不過，我想請各位留意這些得獎者的經歷，就可以看出很多得獎者都畢業於同樣的大學，彼此有些關聯——其實他們都是屬於同一圈子的自己人。

鄧小平無法得獎的原因

或許是因為鄧小平並沒有普林斯頓大學之類的名校畢業光環，所以拿不到諾貝爾經濟學獎。他曾留學法國，但為了賺取生活費，只讀了半年書就輟學離校，當起了工人、服務生和清潔工等，也在汽車工廠當過作業員。後來他雖進入蘇聯的大學就讀，但並沒有博士學位。

鄧小平的出身背景，和大多數的諾貝爾經濟學獎得主截然不同。他不是普林斯頓之類的名校經濟系畢業，也不曾在史丹佛大學任教；他只是拯救過中國，挽救過世界經濟，還改變了世界。他沒讀過歐美的一流學府，也不是西方人，所以沒人有興趣把他列入諾貝爾經濟學獎候選對象。正因如此，我才會覺得諾貝爾經濟學獎是個可笑的獎項。

在創立諾貝爾經濟學獎時，包括日本在內，中、韓等亞洲各國在全球經濟的存在感仍低。昔日曾為英國殖民地的新加坡，直到一九六五年才獨立建國；英國海軍更是到一九六九年才從新加坡撤軍，當年的海軍上將，還對這個貧窮國家的未來感到相當悲觀。

然而，一九七六年時，英國經濟發展陷入瓶頸，甚至還到了國際貨幣基金（ＩＭＦ）必須出手相救的地步。反觀新加坡，經濟在短時間內快速成長，躋身全球最成功的國家之一。

這代表諾貝爾經濟學獎得主輩出的英國已經沒落，但新加坡的價值飆升。自一九六九年起，好幾位英國人都曾獲得諾貝爾經濟學獎，卻不見任何一位新加坡人和中國人獲獎。一九六九年時，日本正處於持續的高度經濟成長，但還不是全球經濟的超級主力。後來日本怎麼了呢？日本經濟熱絡，培養出傲人的實力。然而，日本人也無緣戴上諾貝爾經濟學獎的桂冠。所以我不相信諾貝爾經濟學獎的價值——我不認為這些獲獎者的研究，有助於推動經濟發展、起飛。

基於以上因素，我認為應該把諾貝爾經濟學獎頒給更多不同國家的學者。修讀經濟學的同學很多，男女都有。如要力求公平，就應該多從其他拚經濟有成的國家中選出得主，而不是老在哈佛、普林斯頓和史丹佛等幾家大學的畢業生身上打轉。儘管來自以色列的丹尼爾·康納曼（Daniel Kahneman）也曾戴上諾貝爾經濟學獎的桂冠，但他其實是加州大學柏克萊分校的博士，長年在普林斯頓大學擔任教授，甚至還入了美國籍。這種老是從熟人圈子裡挑選得主的諾貝爾經濟學獎，能有多大意義？這些人就活在業界的核心圈裡，只要在學會上碰面，就會彼此拍背打氣，熟得令人不齒。

諾貝爾經濟學獎遴選的相關事項實在太瘋狂，日本的經濟學者會表達不滿、抱怨，是很理所當然的。除了歐、美人士之外，只有部分特例能獲得肯定——媒體應該要針對這種不合理的現象，寫一篇報導來披露。

現代貨幣理論是一種「免費午餐」的概念

現代貨幣理論（Modern Monetary Theory，簡稱MMT）近來備受矚目。這項理論是「政府用本國貨幣計價的方式發行國債等債券來借錢，雖會造成財政赤字，但只要沒發生通膨，就不會有問題」。不論政府舉債金額多高，財政赤字有多嚴重，都不會有問題——這樣的理論，堪稱是一套驚世思維。

這個概念等於是政府免費給飯吃。不用錢的午餐當然好，人人都想吃，乍看之下似乎很正確，短期內或許可以奏效，但總有一天要有人出來還清這筆爛帳。

到頭來，還是要有人創造出真正的財富，有人負責種稻收割，難不成稻米會從天而降嗎？當然不是。現代貨幣理論是很卓越的理論，或許能讓大家都吃到迷人的免費午餐。不過，最終還是要有人來生產實際的商品或勞務。如果大家都不工作，夜夜笙歌、遊手好閒，花錢如流水，大買日本頂級威士忌……這樣真的是好事嗎？

二〇〇八年發生金融海嘯之後，美國聯準會表示：「我們必須拯救世界。」隨後大印鈔票，大肆舉債，十年來一切都很順利。這就是現代貨幣理論，也就是所謂的ＭＭＴ。ＭＭＴ是一份人人都免費的午餐。西方人、或其他受過同樣西方教育的人士，說不定有一天會因為ＭＭＴ而獲頒諾貝爾經濟學獎——只要這個世界沒崩盤的話。

紐約州立大學的史蒂芬妮．克爾頓（Stephanie Kelton）教授是推崇現代貨幣理論的名家。她在經濟學的領域當中，或許很難說有什麼具體的績效，卻對世界上那些想大撒幣的政治人物帶來了很大的影響。

全民基本收入是個愚蠢的討論

隨著人工智慧（ＡＩ）的發展，人們開始討論它是否會搶走大家的工作，甚至有專家表示，在二〇五〇年之前，人類就不需要自己開車了。

可是，如果人類對工作失去了動力，恐怕我們就不會再進步了。要是嚮往人人都有免費午餐可吃的世界，那麼移民北韓或昔日的越南，會是各位的最佳選擇。

幾百年來，從政治人物、哲學家到神學家，各路人馬都在討論如何解決貧窮問題。截至目前為止，唯有資本主義是一套能讓人類有動機勤奮工作的機制。人類在過去數百年，一直都在相互「比賽」（較勁）。部分人士因為在賽局中勝出，所以生活富裕起來。沒有一場比賽可以做到無人獲勝，如果每一位參賽者的比賽結果都一樣，那麼比賽根本就不成立。

社會需要有競爭，競爭和動機都是你我生活不可或缺的要素。假設各位想擁有三部車，又知道只要有錢就能買得到，那麼各位應該就會拚命賺錢了。可是，如果各位發現再怎麼努力，都無法擁有那三部車時，恐怕就不會願意死命的工作了吧？以往在社會主義的世界裡，就曾發生過類似的情況。這時，想必人們會悠哉慵懶的說：「我已經有車了，再多也就只能擁有這些而已。」如果再怎麼努力都不會有回報，人類就不會力爭上游了。

人類為了解決貧困、好逸惡勞等問題，努力了好幾千年。部分人士不斷主張

「競爭很可怕」「資本主義很可怕」之類的言論，但對任何一個社會而言，有競爭其實是好事。

一場不會分出勝負的棒球，打起來一定非常枯燥無趣，以後恐怕也不會再有人想打棒球了。少了競爭之後，比賽也就跟著絕跡了。幾千年來，人類為了互相競爭，而想出比賽的方法，好讓雙方可以分出勝負。全民基本收入（basic income）的概念簡直像是一個試圖扭轉人性的想法，愚蠢至極。

矽谷將不再是創新聖地

很多人都說，早期的創新科技往往來自矽谷。十幾、二十年前或許的確如此，但現在可就未必了。

近年中國陸續推出許多新科技。廣東省的深圳就是中國的研發重鎮之一。如今深圳已發展成一個新奇刺激、象徵中國致力推動科技創新的城市。中國每年培養出大量的工程師，據說人數是美國的十倍之多。當然工程師並不是人人都傑出，但只要母數夠多，出類拔萃的人才自然也就多了。

這些中國工程師打算要做的事都令人大感新奇刺激。因此，我也讓自家小孩學了中文。既然中國的工程師人數遠比美國多出許多，那麼中國就有可能發展出比美國更多的創新科技。

以往矽谷被譽為創新聖地，但那終究會成為過去式，未來絕非如此。別忘了，各位心目中的常識，十五年後將不再是真理，我們所知道的一切都將改頭換面。二〇三五年時，想必矽谷的地位將出現劇變。

在我心目中，深圳是最值得一提的新生代創新「聖地」，其地位可望逐步提升。我沒有百分之百的把握，但我有信心它將崛起。尤其目前香港的情勢，對深圳是絕對有利的。當民眾需要跨越國境，從香港移動到他國時，深圳的地理位置與港相近，可說是相當有利。

雖然印度的班加羅爾（Bangalore）也是個創新之都，但如果只能選一個的話，深圳應該會是我的首選。相較於美國的矽谷或以色列的台拉維夫，我認為深圳更具推動創新的實力，會跑得更前面。

深圳——軟硬體兼備的地方

其他創新之都多半以軟體見長，但我認為深圳除了軟體之外，硬體也是它的強項，可說是兼具創新所需的兩個巨輪。

美國沒能像中國那樣培養出大批的工程師，甚至大多數的美國學子都對學習工程知識興趣缺缺。更糟的是，學習工程的那些美國學生，很多人實在算不上優秀。

我固然不願接受，但現實擺在眼前——中國的確培養了眾多工程師人才，印度也催生出許多工程師。而台拉維夫則因為地緣政治等因素，風險因子較多。如果能從全球各大城市當中選定自己要進駐何處，我想那些可能成為戰場中心的地方，不會是理想的選擇。

我並不是說這些地方馬上會開戰，但很多人都明白這世上正在發生什麼事，因此我相信深圳的前景值得期待。

如果想讓孩子學科技的話，又該送到哪裡去呢？我想應該不會是非洲或南美吧。就實際狀況來看，中國的確已經在某些領域超越美國。若問我押寶中國和美國哪個好，就工程方面的發展潛力而言，我應該會押寶中國。請各位看看中國的通訊設備大廠華為，它的崛起可是連美國都害怕。

所以美國才要譴責說「華為的產品有資安風險」。想必這應該是美國企業在通訊技術方面，已無力追上華為的證據吧？就連在手機市場所向披靡的蘋果公司都已不知所措，美國政府才會大力批判中國通訊設備的資安問題。加拿大政府還應美國要求，逮補了華為的副董事長兼財務長孟晚舟，她同時也是華為創辦人的掌上明珠。美國發動這波逮捕的理由，是華為為了迴避美國制裁將產品出口到伊朗，向美國金融機關捏造不實說明。但背後真正的原因，恐怕是因為美國對自家產業在這個領域的落後程度，已萌生強烈的危機感了吧。

歐美媒體的觀點不見得正確

「歐、美看到的中國，形象很糟糕」，我同意這樣的說法。畢竟在全球握有話語權的媒體，舉凡英國國家廣播公司BBC，或是美國電視頻道CNN等，都是西方陣營的組織或企業。

美國《新聞週刊》（*Newsweek*）等媒體所呈現的中國印象，是民眾大受打壓的專制社會；歐美媒體很愛刊登「中國當局為了監控民眾的生活，裝設了相當多的監視攝影機」之類的報導。可是，如今美國政府所做的事，其實和中國沒什麼兩樣。

中國被塑造成這樣的角色：社會受到嚴格管控，集共產主義典型負面形象於一身的國家。甚至可以說它是好萊塢傳統間諜片裡所呈現的那種世界。

光看西方陣營的電視、報紙和雜誌，總不免讓我們的認知有所偏差。然而，如果各位現在住剛果，恐怕就不會這樣描述中國了——因為那裡看待中國的觀點和西方截然不同。若有心了解這個世界，最好多聽不同的看法。

各位若是西方人，就會讀歐美的報刊，日本也是西方陣營的一員。西方媒體的觀點，並不是這個世界的全部。中國有句俗話說「打落水狗」，這個國家有時候確實對弱者特別無情。前面也提過，我平常會讀五個國家的報紙，不會只看西方的報導。若能做到這一點，各位應該能明白世界上的各種不同觀點了吧。

中國在西方媒體上的形象並不好。這些媒體指稱，華為產品對全球造成嚴重的資安風險。然而，各位如果到了非洲，對當地人說「請你們看看這則新聞」，他們恐怕還是很難明白中國究竟壞在哪裡。非洲人一定不知道，中國每天都在欺負弱小。

從「邪惡國家」宣傳手法中學到的事

中國當然知道西方陣營對他們的印象惡劣，也力圖改善。說不定中國認為西方媒體是牢不可破的高牆，不僅包括BBC、CNN，就連NHK也是西方陣營的盟友。

我反而覺得應該收看中國環球電視網（CGTN），它是一個國際新聞頻道，會從中國的觀點，二十四小時播放英語新聞。這個頻道原名為「CCTV-NEWS」（CCTV即中國中央電視台的簡稱），不久前才更名。

至於俄文電視聯播網旗下的英文頻道，則有「今日俄羅斯」（Russia Today，簡稱RT）值得一看。（編按：RT為俄羅斯政府當局所有，等於是實質上的國營媒體，在全球約二十個國家設有分支機構。除了英文之外，還播放西班牙文、德文、法文等多國語言的節目。有人批評它是俄羅斯政府的對外宣傳頻道，用來散播假消息。）

至於有中東版CNN之稱的「半島電視台」（Al Jazeera），是以阿拉伯語和英語，二十四小時向全世界傳播資訊的頻道。（編按：半島電視台是一個衛星電視台，總公司位在卡達的首府杜哈，報導原則是：「有一派意見，就會有另一派異見」。他們透過有別於歐美的「阿拉伯觀點」來進行報導，並以此聞名。）我也看得到NHK，另外德國還有一個國際新聞頻道「德國之聲」（Deutsche Welle），會使用包括英語在內的多種語言播報。

不過，我家並沒有電視機。包括BBC在內的各國節目，我都是透過廣播收聽。想看影片時，現在網路都可以看得到，因此有沒有電視機，如今已不重要。

我會聽好幾個廣播節目，而BBC則是隨時播放。不過，最近連BBC聽起來，都像是在聽美國國務院轄下的機關報告似的，內容總不脫美國的政策宣傳，例如：「民眾被邪惡的中國政府奪走了很多東西」等。

或許各位平常都只閱聽西方陣營的媒體報導，但看看「今日俄羅斯」，能讓各位擁有更平衡、全面的世界觀。「今日俄羅斯」雖然是俄羅斯的國營媒體，但它能帶給我們很多不同於西方媒體的觀點。如果各位想學習了解這個世界，最好看看更多元的報導。各家媒體都堅信自家消息才正確，我們若想理解現實，就必須仔細咀嚼所有媒體的報導內容。

不看CNN比較好

CNN的確派出許多特派員到全球各地，但我認為還有許多更應該知道的消息，所以絕對不看CNN的電視節目。當各位置身在國外的飯店，一覺醒來時，最好別看CNN。主播或記者會不斷這麼對你說：「俄羅斯人都很邪惡，民眾被欺凌壓榨、巧取豪奪；中國人更壞，他們（用攝影機拍下，再用AI）記住你的長相，再無時無刻的監視你。」但各位應該特別留意，CNN傳播的資訊是否全然正確。

我們除了應該對CNN和美國媒體巨擘旗下的「福斯電視」抱持懷疑之外，對BBC的報導亦然。他們的報導固然不是全盤皆錯，但充其量也只不過是一種觀點罷了。如果各位想從不同的角度看世界，那麼多接觸其他不同的觀點，對各位絕對會更有益。

中國或俄羅斯媒體的報導，當然也可能有誤。不過，與其只看BBC那種像是美國國務院喉舌似的報導，看看中媒或俄媒，可避免流於偏頗。我小時候的BBC比現在更能平衡報導。早期的BBC和美國媒體不同，提供的是更超然獨立的觀點。

到了非洲，媒體恐怕更難傳播「中國的華為是資安威脅」之類的消息。當地人反而覺得華為的智慧型手機棒極了，價格比蘋果便宜，功能又強。如今，世界上（不只是西方）有很多國家都渴望能看見各種不同的觀點。

你我的下一代，應該會看到一個很不同於以往的世界吧？中國很繁榮興盛，而其他新興國家也會比以往更富庶——在我這一生當中，美國一直都是全球的龍頭。

不過，這些既往的常識，目前也進入了變化的階段。因此，我們的下一代，或許就不會再認為華為生產具資安威脅的產品，是個不懷好意的惡質企業了。說不定年輕人還會說「華為的產品很棒」。

不論你我喜不喜歡，中國都將成為二十一世紀最重要的國家。看看地圖，我們就可以知道世界上的哪個角落發生了什麼事，明白世界正在翻天覆地的改變。

西元一八〇〇年代，英國因工業革命而成為主宰世界的一大帝國。若韓國與北韓統一，勢必會發生許多新奇刺激的事。不過，韓國在二十一世紀恐怕還無法建立如昔日英國般的地位。

從中國獲得的啟示

以往我犯過很多錯誤，其中最大的失敗，就是沒有在一九八〇年代移居亞洲。我在一九八四年時造訪中國，親眼看到那裡正在發生什麼事。後來我回到美國，開始告訴大家「中國很有機會」。當時我不只寫過這些話，也在電視上這樣說過，但就是沒有移居中國。當年我真該早點採取行動。

中國給了我無與倫比的靈感。一九八四年我前往中國時，當飛機落地那一刻，我很擔心自己能否承受得了打擊——因為當時美國的政策宣傳，充斥著「中國人個個都是邪惡的吸血鬼」之類的言論。然而，踏上中國之後，我很快就體認到：中國人勤奮且有企圖心，有文化又有歷史，不僅受過教育，還非常肯拚，不是一群邪惡又可怕的人。我後來又走訪中國各地，所以才能在回到美國之後，再三向各界強調「接下來是中國的時代」。

然而，當時多數美國人都冷眼看待，認為「吉姆．羅傑斯到底為什麼要對中國一頭熱？」當年備受矚目的焦點是日本，大家都說「接下來是日本的時代」。各位恐怕很難想像，當年我開口反駁「不不不，接下來是中國的時代」時，承受各界多大的奚落嘲笑。不過，故事後來的發展，我想各位都已經很清楚了。

我能做出這個準確的預言，是因為我曾實際走訪中國各地，親眼看到當年中國人早上五點就起床上工的緣故。他們勤奮工作，不惜一切努力，只為了求生存。

生活在共產主義下的中國，中國人卻不見得個個都是徹底的共產主義者，反而具備了偉大資本家的資質。當年我親眼見證這一點，所以才開始言必稱中國。然而，光是這樣還不夠，我自己也應該移居中國才對。

中國在一九四九年時，由於共產黨戰勝國民黨，而開啟後來四十年的共產主義統治。但在這段期間的前與後，中國其實都是資本主義式的社會——我認為中國數千年來，本質上就是一個資本主義式的社會。

中國在十一世紀宋朝時，所生產的鋼鐵竟遠勝於英國十八世紀榮華富貴時的產量。當時在中國，使用焦碳冶鋼煉鐵已是常態，生產效能極佳，年產量可達十五萬頓，足以匹敵十八世紀末全歐洲的鋼鐵產量。十一世紀時，中國有一群在地資本家出錢、找人，做起挖礦山的生意。早在千年前，中國人就已在各方面成功，甚至比歐洲更進步。中國人發明印刷術、火藥、指北針和紙，時間上都比歐洲來得早。在歐洲的科學蓬勃發展之前，中國就已經催生出許多創新的發明。

我個人認為，中國是全球唯一一個曾再三經歷輝煌盛世的國家。昔日英國曾經偉大，埃及亦然，羅馬帝國更是備極繁華。但這些國家沒落後，就不曾再度復活。畢竟曾盛極一時又衰敗的國家，通常都找不回榮景。

然而，中國卻上演過三、四次的復活戲碼。中國人曾歷經數次大災難，導致國家崩潰傾頹，可是都再重新站了起來。中國是世界上唯一一個走過谷底，卻還能再次復活，找回蓬勃繁盛的國家。尤其看到最近中國的成長表現，我不禁心想這樣的歷史似乎又要再次上演。

民主主義與經濟發展的成功幾乎沒有關係

中國正要東山再起之際，卻有很多人唱衰它內部千瘡百孔，恐怕會突然崩盤。美國是二十世紀全球最成功的國家，卻發生多次不景氣，人權備受限縮，法治是否完善，也令人大感質疑。

在美國，有所謂的遊說制度，可以收買議員。距今一百年前，收買議員的價碼非常便宜。美國固然在很多方面都發展得相當成功，中國也有它的問題，這是事實。不過，美國人對中國的看法，實在是太過片面了一點。

「中國沒有民主。那種獨裁的政體恐怕很難成功立足。」美國有很多知識分子都抱持這樣的想法。如果要這樣解讀，那麼民主國家應該年年富足豐饒吧？

可是，我們回顧歷史，就會發現很多民主國家並沒有成功崛起。如前所述，很多在經濟上蓬勃發展、成績斐然的國家，事實上都是一黨獨大。戰後日本絕大多數時間都是由「自由民主黨」掌權主政，可以說事實上就是個一黨專政的國家；新加坡也是個實質上一黨專政的國家，昔日由李光耀擔任總理，創造了可觀的成長。

古希臘哲學家柏拉圖在《理想國》（*The Republic*）一書當中這樣寫道：「國家的政治體制會從獨裁走向寡頭政治、民主政治，再進入渾沌狀態，最後回到獨裁。」我不知道中國人是否讀過柏拉圖的著作。不過，誠如各位所知，柏拉圖曾比較過國家的政體，深入剖析國家該如何運作，也談過社會如何進化的議題。柏拉圖的這些論述，迄今讀來仍覺寓意深遠，是公認的傑作。

我第一次造訪中國時，當地還只有一種報紙和一個電視台，人人都穿著相同的衣服，讓人覺得他們的思維似乎也都大同小異。然而，到了三十五年後的今天，中國如今已有網路，也有數百家媒體；想宣洩不滿、發出怒吼的人，每年發動的示威活動多達數千場，主要地點都在地方城鎮。

換言之，歷史所呈現的是「社會會不斷進化」的事實。日本事實上也是個一黨主政的國家，卻極其成功的在國際社會立足。日本人不喜歡聽到這樣的說法，他們認為自己是民主國家，但實質上就是一黨獨大的狀態。

即使是民主政體，國家發展也不見得一定會成功。葡萄牙就是一個很明顯的例子，它的經濟發展並不理想；西班牙也是民主國家，但它發展得實在不算成功。很多施行民主的國家，在經濟上並沒有拿出像樣的成績。換言之，民主和經濟成長幾乎可以說是毫無關聯。從歷史上來看，不論是民主政體或獨裁政府，在經濟上並沒有太顯著的差異。

會抓老鼠的貓就是好貓

曾任中國最高領導人、也對中國推動改革有功的鄧小平，以前曾經說：「不管黑貓白貓，會抓老鼠的就是好貓。」他的想法很正確。多數人固然都希望國家是個民主社會，有言論和報導的自由。可是，施行民主，並不代表國家在經濟上一定能大展鴻圖。

過去五十年來，台灣的經濟表現非常出色，但擘劃出成長路線的，正是長期統治台灣的獨裁政權；韓國也曾受過恐怖的獨裁政體統治，當時的政府在美國援助下，為日後的經濟成長奠定基礎。這些實質一黨獨大國家，在經濟上都繳出了漂亮的成績單。若當年它們是民主國家，恐怕很難這麼成功。

新加坡的李光耀總理曾這麼說：「我每天只要一醒來，就想著這件事：我要做對國家有益的事，而不是國家想要的事。」為了追求新加坡的繁榮發展，他把自己奉獻給了國家。

中國這個國家並沒有得到多數國家人民的尊敬。很多人都認為美國是民主國家、自由社會，對世界和平貢獻良多，而中國則否。但事實真是如此嗎？美國曾多次侵略其他國家，但中國至少最近並沒有對他國動武。

歷史上，中國很少發動國際性的戰爭；相對的，美國則是頻頻挑起戰端。回顧過去這五十年，美國總是處於與他國戰爭的狀態，美軍更長期在海外駐軍，多數人卻視其為理所當然。

然而，中國不一樣。近年來，中國在非洲的影響力大增，在非洲投資相當可觀的金額，並協助當地整頓基礎建設；反觀美國在非洲出資時，往往會比手劃腳，對當地人該做的事下指導棋，非洲民眾並不喜歡這樣。中國雖在非洲各國投資，但多半不會說三道四，所以深受非洲各國的擁戴。

亞洲女性人口數過低，將引發什麼問題

亞洲目前處於女性人口數過低的狀態。既然「物以稀為貴」，那麼未來亞洲女性的價值想必也將水漲船高——這是很簡單的經濟學概念。

在中世紀的歐洲，女性不僅經營公司，也有人掌管都市運作，是社會上強大的戰力。當年這樣的現象，應該也是由於歐洲女性人口數偏低所致——許多男性出征打仗，或因貿易而在各國奔波，讓女性有大顯身手的空間。不過，後來女性人數一恢復足量水準，社會趨勢遂又轉變。

如今，亞洲面臨女性人口數過低的窘境。全亞洲的男性總人數號稱超過一億人。在印度、中國等地，很多家庭都希望能有男丁，印度甚至還有統計資料顯示，就印度總人口的結構來看，男性竟比女性多出了五千萬人。除了女性傳統上必須與公婆同住之外，女性出嫁時的嫁妝負擔，也被認為是男多女少的原因。

這樣的現象將會大大改變亞洲社會。每個國家都需要女性，所以女性在亞洲

的價值，必定會水漲船高。毛澤東曾說：「女性撐起半邊天。」但他卻沒讓女性得到相應的對待。如今亞洲整體的女性人口數都偏低，毛澤東的這句話，應該是會成真了吧。

在許多亞洲國家當中，越來越多男性找不到可以結婚的對象。印度就有很多男士大嘆「討不到老婆」，必須拚命找尋願意和自己成家的對象。韓國的女性人口數也日漸減少，不少韓國男士都選擇和越南、菲律賓的女性結婚。類似的現象在全亞洲都看得到，女性地位開始出現了變化——不是因為政府帶頭倡導友善女性，而是女性人數太少，女性的價值當然就會隨之提升。

在韓國，法令禁止在孕婦懷孕三十二週之前告知胎兒性別。要是太早讓家屬知道孩子是男是女，就會引發很多問題。韓國只有男性能傳承家族香火，很多人認為只有女兒的家庭，等於是斷了家族血脈，所以早期很多韓國人只要一發現自己懷了女孩，就選擇墮胎。由於此舉形成社會問題，後來韓國政府才明令禁止告知性別。

然而實際上，選擇胎兒性別的問題依舊存在。長年重男輕女的結果，導致韓國女性人口數過低的情況，已發展成嚴重的問題。或許這就是為什麼越來越多韓國男性選擇和越南、菲律賓或柬埔寨女性結婚吧。目前全亞洲的女性人口數量嚴重偏低，其中又以印度最為嚴重。印度男士因為在國內難覓伴侶，只好出國找對象。

有鑑於此，未來女性在亞洲的地位，想必會比現在更提升許多。女孩的人生，會過得比現在更好。這樣的趨勢已經興起，相信日後女士們一定有機會聽到別人對妳說：「生為女生實在太幸運了！」

大麻也有投資商機

大麻（marijuana）在全球各國有不同的規範，禁用的國家較多，也有些推動合法化的案例。

我所居住的新加坡目前仍嚴格禁止吸食大麻，只要持有就必須坐牢。世界上很多國家都把大麻視為完全違法的管制品。為什麼會有這麼多國家認為大麻具成癮性，必須立法禁止使用呢？它的起源可追溯到約一百年前，當時美國有位報業大亨，名叫威廉．藍道夫．赫斯特（William Randolph Hearst）。他為了賣報紙，極力譴責大麻，甚至還發起「大麻是可怕的壞東西」活動。

其實赫斯特除了賣報紙，同時也有林業經營權、以及造紙廠等事業。或許是因為大麻也可以用來造紙，他擔心大麻的產業坐大之後會對他造成威脅。事實上，早期的確曾經有過廣泛使用大麻製紙的時代。赫斯特掌握了賣報所需的每一個相關產業，還刻意使用西班牙語的大麻一詞「marijuana」，強化這項物質的可疑氛圍。這些視大麻為眼中釘的作法，讓大麻成了違法的管制品。

美國將大麻列入非法後，各國紛紛跟進列管大麻。然而，如今已有科學根據證明大麻對人體危害甚少，推動大麻合法化的運動遂在全球遍地開花。二〇一八年，加拿大率先宣布大麻合法化；烏拉圭也早已視大麻為合法。美國周邊的各個國家，陸續往開放大麻的方向運作。

喝酒有礙健康，過量飲用威士忌更是危險之舉，這一點眾人皆知；可是，大麻對我們的健康是否會造成負面影響，卻沒人知道。若沒吸過大麻，恐怕很難知道它是否有害。人難免會做出不智之舉，但酒精的攝取，可能遠比大麻更危險。

目前什麼物質有危險都由各國政府決定，因此酒精和大麻孰優孰劣，並不是大家關心的重點。況且約莫一百年前，報紙上就已報導大麻的壞處，導致很多人對大麻避之唯恐不及，於是大麻變成違法的管制品。

大家都不清楚大麻列管的真正原因，只因為民眾都說大麻會成癮，恐將引發殺人、強盜等犯罪，所以就立法禁用。然而，誠如各位所知，大麻在美國正逐漸走向合法。

美國逐步開放讓所有民眾都能以合理的方式吸食大麻；加拿大則是完全合法使用；哥倫比亞也承認大麻合法；泰國也已對醫療用的大麻解禁。

全球有越來越多人發現大麻沒有問題，才會逐漸讓它合法。反觀日本政府卻仍禁止使用，要求民眾「不得吸食大麻」，吸食者會被送進監獄，可是卻沒人知道為什麼要禁止。

造訪哥倫比亞的發現

前不久，我才剛造訪過哥倫比亞。哥倫比亞以發生過毒品戰爭而聞名，爆發戰爭的原因之一，想必是由於人們開始知道大麻喜歡十二小時日照、十二小時全黑的特性吧。哥倫比亞位在赤道上，全年氣溫穩定。以大麻產地著稱的麥德林（Medellín）除了溫度穩定之外，還有足夠的降雨，土壤也很適合種植大麻。這些原因將麥德林孕育成大麻盛產地——最主要還是因為當地的天候條件有利大麻生長，並不是因為當地邪惡的壞人特別多。

因緣際會下，有人發現麥德林是栽種大麻的天堂，於是大家紛紛投入種植，做起了販毒生意，毒品大王便應運而生。目前，哥倫比亞的大麻已經合法。日前我也走訪麥德林，拜訪該國的卸任將軍。他說：「我的前半生，都在抓種大麻和賣大麻的人去坐牢，可是現在我自己也投入了栽種的行列。」卸任將軍搖身一變成為大麻農夫。

因為大麻在當地已經合法，是個絕佳的商機。他是個聰明人，所以懂得投入大麻事業——大麻的經濟價值遠比一般農作物高出許多。於是他選擇離開部隊，卸下將軍職務，目前致力於種植大麻。畢竟從商業角度來思考，既然大麻合法，那麼當中所蘊涵的商機就相當可觀。

大麻不會成癮，一般認為它的危險性比飲酒更低。我這個人一喝酒就醉，兩相比較之下，大麻或許會是個更好的選擇，況且飲酒過量對健康也有害。大麻還有許多藥效，所以未來勢必會有更多國家開放合法使用。除了已解禁的烏拉圭和加拿大之外，巴西、英國、智利、德國和法國等多國政府，都已開放醫療用大麻；在美國國內也有加州、佛州、麻州、內華達州、奧勒岡州和首都華盛頓特區等多個地區，現已完全開放使用大麻。

龐大商機應運而生

大麻其實還蘊藏其他相當龐大的商機。目前已有幾家酒商著手發展大麻事業，在加拿大甚至還有大企業跨足。以「可樂娜」（Corona）啤酒品牌聞名的美國大型酒商 Constellation Brands，在加拿大以約五十億加幣（約一千四百億台幣）的金額，取得一家大麻栽種、加工企業的股份；加拿大醫用大麻巨擘蒂雷（Tilray），和來自比利時的全球啤酒龍頭百威英博集團（AB InBev），已攜手投入含醫用大麻飲品的研發。

近來菸品公司也對大麻事業躍躍欲試。例如以「萬寶路」（Marlboro）等品牌聞名的美國菸草大廠奧馳亞（Altria），就大動作投資了加拿大的大麻公司——因為香菸危害健康飽受抨擊，奧馳亞想藉由大麻事業找尋新出路。

賭場和大麻究竟誰比較危險？我個人不嗜賭，所以不是很清楚。不過，賭場是一門「莊家永遠是贏家」的生意。賭場裡那些備有免費餐飲和娛樂的大飯店，營運成本都是誰在付？當然是下場試手氣的賭客。賭博雖然可能一時小贏，但人總會越贏越沉迷，所以並不是件好事。不過，有人進賭場就有稅收，因此對各國政府而言，或許賭場的確是個很誘人的選項。

美國為什麼會有那麼多個州願意接受大麻，就是因為它和賭場一樣，可望為政府帶來豐厚的稅金收入。美國早期曾施行過禁酒令，當時酒是違法的管制品。不過今日已完全合法，政府則因為對酒品課稅，而賺進大筆收入。課徵大麻的相關稅費，勢必也能為政府帶來高額的稅收。

區塊鏈帶來的破壞

區塊鏈是一項革命性的科技，可能會在未來改變我們目前已知的一切。很多人認為它甚至會讓人類失業，但真是如此嗎？

電腦奪走很多人的飯碗，同時也創造很多新商機與新工作。例如，「程式設計師」應運而生，龐大的「軟體產業」也得以蓬勃發展。

區塊鏈問世之後，數百萬銀行員恐將面臨失業危機，甚至銀行本身都有可能大量消失。未來會發生什麼事，誰都說不準。我們的下一代長大後，恐怕不會再跑銀行，也不會去郵局了。區塊鏈會改變很多事——它會讓很多人致富，同時也會搶走很多人的工作。

不過，倘若各位對何謂區塊鏈一竅不通，那麼最好別聽我說的這番話。我本人並沒有投資那些以區塊鏈技術為基礎的加密貨幣。加密貨幣的價格一直都處於反覆震盪的狀態，不少加密貨幣已黯然退場，我甚至大膽猜想：到頭來可能所有加密貨幣都會消失。

回顧歷史，就會知道早期貝殼也曾是人類社會的貨幣。過去只要大家願意，任何物品都可拿來當貨幣。如今各國雖有中央銀行統一印製法定貨幣，但直到二十世紀之前，很多銀行其實都是自行印製獨家的紙鈔。

不過，當銀行發行的鈔券金額超過黃金儲備時，通膨風險就會上升。於是英國政府決定，把鈔券的獨家發行權交給當時英國最重要的銀行——英格蘭銀行。後來其他銀行的鈔券發行權才逐漸退場，直到一九二一年，這項獨家發行的規定，才在英格蘭和威爾斯全面上路施行。

如今在操作加密貨幣這些人，都覺得自己比政府更聰明。可是，政府手上有槍——若政府通令，要求這些操作加密貨幣的公司禁止使用此類貨幣，那該怎麼辦？這樣的發展，也不是完全不可能。

在加密貨幣的世界裡，所有的錢都會保存、管理在電腦網路上。在中國，就連中央銀行都有意發行數位貨幣。中國的「無現金化」日漸普及，連搭計程車時想用現金付款都變得困難重重。看來現金在中國社會必將逐漸式微。

中國政府非常喜歡數位貨幣，它能讓政府全面掌握每位國民把錢花在哪裡、花了多少，甚至能明確指出當事人「電話打太多」「咖啡喝太兇」「太常出入聲色場所」等。人生在世不可能不花錢，有了數位貨幣，想必中國政府就能對民眾的所有行為瞭若指掌。我不喜歡那樣的社會，不過看來似乎很對中國政府的胃口。

當所有金錢都存在電腦上，上述這樣的社會才能實現。不過，這些都是政府的數位貨幣，不是民間的那種加密貨幣。它和比特幣等貨幣不同，就算可以兌換，但終究是政府發行的錢。那些操作加密貨幣的民間企業，就算最終還是必須使用政府的數位貨幣，也只能聽命行事——畢竟政府擁有警察權。

商品市場將發生嚴重問題

我隨時都在各領域尋找投資機會。我預估某些商品（原油、鋼鐵、銅和黃豆等）在可預見的將來會發生嚴重的問題。

只要發現商機，我就會進場投資。最近我在買俄股，因為我發現俄羅斯的大慘劇，所以才進場買股。其實委內瑞拉的經濟也在崩盤，要是我能出手就好，可惜美國人不能投資。

不過，現階段我在商品市場上並沒有太大手筆的投資。就我目前的投資標的候選清單來看，我可能會再買日本的指數型基金。

當前農產品的市況很糟，砂糖價格跌到僅有極盛時期的20％，其他農產品也哀鴻遍野。所以只要有合適機會，我應該就會採取行動。

如前所述，農業這個行業本身的確是前景可期，像日本農業就有很千載難逢的好機會。不過，如果空有好的想法，卻不起身執行的話，再好的想法都沒有意義。有好點子的人很多，但往往無力落實，或試過之後以失敗收場。因此，光有好的想法還不夠，需要能落實的想法才行。

別相信所謂的常識

最後我想再次強調的是，那些大家都認為是理所當然的常識，會在短期之內就改變。歷史已經證明了這一點。舉凡第二次世界大戰、柏林圍牆倒塌、中國經濟快速崛起等，事前幾乎都沒人料想到。

包括當前的疫情蔓延在內，所有震驚世界的危機都是突如其來，還會造成國際社會、經濟的劇變。回顧過去的歷史，不難發現每十到十五年，總會發生一些翻天覆地的變化。

請容我再強調一次：現在各位心目中的常識，十五年後可能全盤皆錯。因此，各位實在不該盲目聽信旁人所說的話，大多數人的言論不僅不正確，還很可能有誤。懂得懷疑世間所謂的常識，主動蒐集資訊，自己動腦思考過後，再做出決策——培養這樣的能力，我相信會是各位邁向成功的最短捷徑。

危機就是轉機。當危機降臨時，很多東西的價格都會變得異常划算。若能巧妙的危機入市，就可以在經濟復甦的過程中賺得龐大的利益。各位只要平時多多精進自己的專業，找出無人察覺的變化，它就會是一個不可多得的投資良機。趨勢變化有時就像疾病，不易察覺。不過，經濟危機多半都有各種跡象可循。當年我就預期會發生像雷曼風暴這樣的經濟危機，一再提出警告。

因此，我們要懂得以「危機總會一再上演」為前提，隨時做好準備。只要回顧過去的歷史，看看人們在面對危機時採取什麼樣的行動，就能從中學到很多寶貴的經驗——人類在危急時刻所採取的行動，其共通點多得嚇人。

未來幾年內，市場可能會出現我這一生中最糟的空頭行情。然而，過去曾有多位成功致富的投資大師，在市場最驚濤駭浪之時仍能認清趨勢變化，精準掌握了商機。

各位若想在安渡危機後成功致富，就別被旁人的意見或常識左右。即使不幸重摔一跤，也不必絕望，日後環境一定會再轉變。各位只要好好認清自己和世界，並在危機來臨時保持清醒，想必一定可以找到飛黃騰達的良機。

結語

日文版譯者後記

這段後記寫於二〇二〇年四月下旬，當全球正因疫情大流行而惴惴不安時，不僅歐洲和美國，包括日本在內多個國家的民眾都無法出門上班、上課，過著天天繭居在家的生活。在不知在何時何地會染疫的恐慌下，讓國際社會陷入了不安。

然而，如果借用吉姆．羅傑斯的話來形容，現在只不過是「末日的開端」——人們每天聚焦於疫情對經濟和社會帶來的衝擊，殊不知後面還有更嚴重的經濟危機正在逼近。當疫情落幕，市場充斥著樂觀氣氛時，或許股價會出現一波反彈，但全球經濟的本質問題仍未獲解決。

二〇一九年起，羅傑斯一再發出警告：「有一波比金融海嘯更嚴重的危機，正在步步逼近。」他指出，在低利政策的背景下，全球各政府、企業甚至家庭等部門都在大量舉債，高額負債直逼金融海嘯前的水準。中國、印度和歐洲等地，在二〇一九年時都已可看到經濟危機的徵兆。

正因為舉債水準不斷上升，所以只要出現一個契機，經濟開始反轉下行，就可能帶給全球經濟一波比金融海嘯更嚴重的「負面衝擊」。全球各國在疫情不斷擴大的影響下，失業率已節節攀升，企業破產倒閉家數更是與日俱增，就連政府自己也岌岌可危。早在疫情爆發前，包括新興國家在內的多國政府，舉債金額就已持續上升，後續更有接連倒債（default）之虞。儘管最近盛傳可能讓這些國家的還款展延，但這也只是緩兵之計，不是根本的解決之道。雖然全球各國政府不僅實施大規畫的寬鬆政策，更大動作祭出「直升機撒錢」的紓困方案，但要阻止危機爆發，恐怕難度還是很高。

羅傑斯堪稱是探討危機的不二人選。他以專業投資人的身分，經歷了一九七一年的石油危機、一九八七年的黑色星期一、以及二〇〇八年的金融海嘯。他在這幾波危機當中，仍一路靠投資獲利。

此外，他在美國耶魯大學主修歷史，對世界史的造詣很深，尤其對古希臘到羅馬帝國、中國的宋朝，以及大航海時代的西班牙、大英帝國、大恐慌時代的美國等階段的世界史，都知之甚詳。他一邊俯瞰古今中外歷史全局，同時剖析當代的敏銳觀察，實在令人甘拜下風，自嘆弗如。

再者，羅傑斯也是一位「愛冒險的投資人」，他曾多次環遊世界，重視親臨當地眼見為憑。他親身感受世界各個角落正在發生的事，帶給他更寬廣的視野，和更深入的洞察。

羅傑斯最迷人的魅力，就是他不苟同社會常識或主流意見，對世界有著獨到的見解。他身為美國人，卻不流於歐美式的觀點，可說是具備「多線思考」的思維。他甚至還積極蒐集中國或俄羅斯報導的資訊，並加以分析，再以自己的經驗和史觀為基礎，深入思考。

羅傑斯的部分主張聽起來或許有些荒謬可笑。舉例來說，他對南北韓統一可能性的論述，對很多日本人而言恐怕會覺得難以置信吧。但他與眾不同的獨到觀點，還是值得一聽。

在本書中，羅傑斯再三強調，全球「在十五年內就會改頭換面」。一九三〇年的日本人，應該料想不到日本會誘使美國開戰，並在一九四五年戰敗。還有柏林圍牆倒塌、中國經濟以驚人之勢成長等，恐怕事前也很少有人能預料。就這一層涵義而言，這個世界正如羅傑斯所說的，沒有什麼絕對不可能發生的事。

讓全球瞬間風雲變色的冠狀病毒大流行也是如此。和疫情爆發前相比，全球已處於翻天覆地的鉅變中。

有些危機就像疾病，無從預測，但就如同羅傑斯所主張的，我們能從歷史中學到不少寶貴的教訓——畢竟在歷史的長河中，危機總是一再重演。只要我們了解過去在危機之際曾發生過的事，必定能明白現在該採取什麼行動。縱然歷史上每次危機的內涵不盡相同，但人類的行為，總有許多跨越古今的共通點。

在「危機時代」下，我們該如何生存？這才是這本書真正的主題。羅傑斯的金玉良言中充滿各種啟示，能幫助我們安渡當前這一波前所未有的危機。不論是投資客、企業家，乃至於一般上班族，想必現在都在煩惱該如何面對危機。世界將何去何從？自己該如何行動？如何保護家人？……身處在這樣一個前景混沌未明的時代，衷心期盼本書能為所有讀者帶來些許安渡危機的力量。

當然羅傑斯也強調，培養多線思考的能力，懂得自己動腦思考，而不是囫圇吞棗的接受別人的意見，這一點非常重要。能否將危機化為轉機，完全都操之在己。

本書寫作之際，共有三人負責羅傑斯先生的採訪工作，包括《日經商務》（*Nikkei Business*）的副總編輯廣野彩子女士，和事業版圖跨足新加坡、印度與日本的企業家小里博榮先生，以及我本人——日經 BP CROSS MEDIA 的編輯部長山崎良兵共同擔綱。

我們在新加坡安排了兩天的採訪，總計訪談十幾個小時，後來廣野副總編輯又再透過電話進行補訪，加上我於二〇一九年曾兩度採訪羅傑斯等內容，才構成本書。

廣野副總編輯是普林斯頓大學公共政策研究所的碩士，曾採訪多位經濟、管理學者。她豐富的知識和經驗，都在採訪羅傑斯的過程中發揮得淋漓盡致。另外，小里先生不僅協助採訪進行，還仔細審訂我拙劣的譯文，謹在此再次致上我的謝意。這次小里先生動用了他與羅傑斯的好交情，還為本書提供許多有用的建議。他自牛津大學畢業後，曾在戴森等公司發揮所長，又在印度發展壽司宅配事業，更曾擔任國際學校的理事長。經驗閱歷如此豐富的小里先生，正是一位多線思考、多軸發展的國際人才。

最後，謹在此向百忙之中撥冗配合長時間採訪的羅傑斯先生致謝。他非常平易近人，在長時間採訪的過程中屢屢展現幽默，讓訪談得以在輕鬆的氣氛下進行。而在羅傑斯先生位於新加坡的府邸享用午餐，也是相當特別的經驗。幾次訪談下來，我覺得就連我自己對世界的看法，都開始出現改變，也獲得許多有益人生的發現。

二〇二〇年四月二十七日　山崎良兵

國家圖書館出版品預行編目（CIP）資料

危機時代：傳奇投資家吉姆・羅傑斯談未來經濟與理財 / 吉姆・羅傑斯（Jim Rogers）著；鄭曉蘭，張嘉芬 譯. -- 初版. -- 臺北市：遠流，2020.10
面； 公分
譯自：危機の時代 伝説の投資家が語る経済とマネーの未来
ISBN 978-957-32-8871-8（平裝）
1. 經濟情勢 2. 經濟預測 3. 經濟史
552.1 109013562

危機時代

傳奇投資家吉姆・羅傑斯談未來經濟與理財

危機の時代 伝説の投資家が語る経済とマネーの未来

作者／吉姆・羅傑斯（Jim Rogers）
譯者／鄭曉蘭、張嘉芬
總監暨總編輯／林馨琴
責任編輯／楊伊琳
美術設計／張士勇
內頁排版／新鑫電腦排版工作室

發行人／王榮文
出版發行／遠流出版事業股份有限公司
地址：臺北市南昌路二段 81 號 6 樓
電話：（02）2392-6899
傳真：（02）2392-6658
郵撥：0189456-1

著作權顧問／蕭雄淋律師
2020 年 10 月 1 日　初版一刷
2020 年 11 月 16 日　初版二刷
定價 新台幣 380 元（如有缺頁或破損，請寄回更換）

ISBN 978-957-32-8871-8

遠流博識網
http://www.ylib.com
E-mail: ylib @ ylib.com

KIKI NO JIDAI DENSETSU NO TOSHIKA GA KATARU KEIZAI TO MONEY NO MIRAI written by Jim Rogers

Interviews by Ayako Hirono, Hakuei Kosato, Ryohei Yamazaki
Photographs by Hiromichi Matono